サイゼリヤ革命

世界中どこにもない
"本物"のレストランチェーン
誕生秘話

はじめに

２０１１年３月11日14時46分に発生した東北地方太平洋沖地震（東日本大震災）は、東北から関東北部にかけて甚大な被害をもたらした。サイゼリヤが福島県白河市に設けている福島工場も設備の一部が倒壊するなど多大な被害を受けた。

サイゼリヤの対応は迅速だった。各地の工場の技術者などでチームを作り、業者とともに現地へ派遣。４月１日には制限付きながら稼働を開始している。この復旧工事に取りかかる前、つまり一般道を長時間かけて走り、現地に到着した彼らが真っ先に取り組んだのは井戸の再掘削だった。そして水が出ると、すぐに防災無線や地域ＦＭで周辺の住民に知らせて、水を配り始めた。地震直後から断水が続いていただけに、これにはみんなが助けられた。そこには白河高原農場も含まれる。湧き水が止まり、従業員のみならず、牛の飲み水も枯渇していたからだ。

サイゼリヤというのは、こういう会社なのだ。低価格ながら高収益体質を作りあげたことで、外食の優等生とか勝ち組とか言われているが、根本は人々の役に立ちたい、世界の人々を幸せにしたいということをクソ真面目に考え続けているだけなのだ。人時生産性を追求するのも、その思いをかなえるためでしかない。その歩み方も近道や容易な道は選ばない。困難であっても、まっすぐ夢に向かって続いている道をバカ正直に歩んでいくのである。

とてつもない夢を持つバカ正直でクソ真面目な会社。それがサイゼリヤなのである。

ただ、その夢はなかなか理解されなかった。縁あって担当することになった月刊食堂『サイゼリヤ革命』の内容も、当時の〝外食的常識〟からはかけ離れたものであり、筆者にして「話は面白いけど、できるの?」というのが正直なところであった。それだけに、他のチェーン以上にしつこく観察してきたのだが、『サイゼリヤ革命』で語られていたことに嘘はなかった。時間はかかったとしても、ちゃんと実現していたのである。その驚きを、いつか改めてまとめてみたいと考えていた。

本書はサイゼリヤの優秀な経営内容を分析するものではない。筆者にそこまでの力がないからだ。ただ、長年の取材を通じて、この会社が度外れてヘンテコリンで、しかし抜群に面白い会社であるということだけはわかっている。こんな会社は日本、いや世界を見渡してもないだろう。サイゼリヤという類を見ないほどユニークな会社はどのように生まれたのか。その一端でも知っていただき、サイゼリヤで食事する際の話題になれば、筆者としてこれほどうれしいことはない。

なお、本文中の敬称を略させていただいたこと、あらかじめお断わりしておきます。

サイゼリヤ革命──目次

I 原理原則

II 科学する脳

●「恩師のために」だけを目的に進学
●自分の欲をなくせば本当のことが見える
●サイゼリヤ展開の意味を改めて考えた
●『人のために』を考えると力が湧いてくる

●悪立地や撤退物件への出店で初期投資を抑制
●10店舗の段階で大手メーカーにＰＢ製造を要請
●カミッサリーとプラントの違い
●生産性はもろ刃の剣
●成長に向け、外食になかった概念を導入

●ＦＦＳはエンジニアリング。技術者が多いからやってみたい
●立地は関係ない。価値がないから売れない
●ＦＦＳの原理原則から外れているのは法則が見えていないから
●絶対失敗すると思ったけど、やっぱり失敗した
●日本よりも喜んでもらえるんだから……
●中国の次はアジア。事業の進め方はどこでも同じ

装丁／田島浩行
編集／二瓶信一郎

I 原理原則

第1章　サイゼリヤは安い!!
――でも、安くするのはホントはむずかしい

第2章　味と品質
――コントロールすればおいしくなるのだが……

第3章　安さとおいしさ
――要件を満たすために作業効率・生産性を高める

第1章

サイゼリヤは安い!!

でも、安くするのは
ホントはむずかしい

努力の結果としての安さ

なんといっても安い。

それが『サイゼリヤ』に対するパブリックイメージだろう。

確かに、メニュー表を見ればひと目でわかる(メニュー別掲)。マスコミやインターネットを通じて、すでにご存知の方も多いだろうが、改めて見てみると「やっぱり安いな」と実感するの

【メニュー抜粋】'11年６月夏メニューより

シェフサラダ　299
田舎風ミネストローネスープ　149

●前菜
ほうれん草のソテー　189
柔らか青豆の温サラダ　189
エスカルゴのオーブン焼き　399
プロシュート　399
（パルマ産熟成生ハム）
ムール貝のガーリック焼き　399
チョリソー（辛味ソーセージ）399

●ドリア・グラタン＆米料理
シーフードグラタン　499
ミラノ風ドリア　299
半熟卵のミラノ風ドリア　368
地中海風ピラフ（パエリア）　499

●ピザ＆スパゲッティ
ピザ マルゲリータ　399
サラミとパンチェッタのピザ　399
野菜ときのこのピザ　399
アラビアータ　399
イカの墨入りスパゲッティ　499
ミートソースボロニア風　399
ペペロンチーノ　299
カルボナーラ　499

●肉料理
若鶏のグリル（ディアボラ風）　499
ハンバーグステーキ　399
煮込みハンバーグ　559
イタリアンハンバーグ　499

●パン類＆デザート
ガーリックトースト　159
フォッカチオ　109
ハーフアイスティラミス　189
プリンとティラミスの盛合せ　399

ではないか。

筆者もそうだが、何度もサイゼリヤを利用している人間であっても、メニューブックを手にしたとき、まず感じるのは安さだ。

いや、何度も利用している人、とくに外食に関係している人間ほど、その思いは強いのではないだろうか。食べてみると、それがわかる。ほとんどの商品が２９９円、３９９円、４９９円という３つの価格帯に収まっているが、いずれも、この品質がこの程度の価格で食べられるのかと驚くばかりの内容である。

それを改めて実感すると、いつも同じ言葉が出てくるのだ。やっぱり安いな、と。

サイゼリヤはなぜこれだけ安く提供できるのか。

その答えは簡単だ。

「安くしようと努力し続けたから」である。

ごく当たり前のことなのだが、サイゼリヤのすごさは、その努力を1号店の時から40年以上にわたって続けていることにある。創業の時から「普通の人たちが日常的に食事ができる価格とはいくらであるべきか」「前菜からデザートまでのフルコースで食べても負担にならない単品の価格とはどうあるべきか」を考え続け、それに近づけようと努力しているのだ。

現在、多くの外食企業は既存業態の価格引き下げや低価格業態の開発に必死である。それはリーマンショック以降、急速に冷え込んだ景気により消費が一向に回復していないからだ。

「財布のヒモが固くなっているから」とか、「うちよりも低価格の業態にお客をとられているから」というのが低価格化の理由であるから、もしも景気が好転して消費も回復したら、胸をなで下ろして価格引き上げにシフトするのは目に見えている。

もっとも、今般の東日本大震災により甘い夢を見る余裕も失われてしまったが、言いたいのは、サイゼリヤのように「自分たちの店はどうあるべきか」という哲学から出てきた低価格ではないということ。要するに、場当たり的な低価格なのだ。

だから、提供される商品も底が浅い。安くするための技術の蓄積がないから、それも当然だ。

典型的なのが居酒屋業界である。280円均一の焼鳥チェーン『鳥貴族』の躍進により、大手居酒屋企業も280円均一、290円均一の低価格業態を開発し、既存店の転換を進めている。

だが、そこで提供される商品は、既存メニューを少量化したり、素材をグレードダウンさせたもの。本来その商品が持っていた価値は失われている。以前と同じ品質で安くなるのならお客は歓迎するけれど、これでは「均一だから、この品質で我慢しろ」と言っているも同然だ。

しかし、鳥貴族は25年前の創業から280円均一で営業している。全品280円で提供するための努力を25年間続けているから、とても280円で出せるとは思えない、レベルの高い商品を提供できる。だから、鳥貴族には開店後いつまで経っても溢れんばかりのお客が集まり、転換型の均一低価格居酒屋は、開店から半年も経たないうちに閑古鳥が鳴くことになる。

「この価格ならこの品質」と「この価格なのにこの品質」では大きく違う。前者は簡単だけど、後者はむずかしい。これを実現するにはサイゼリヤや鳥貴族のように、長年にわたって怠ることなく努力を続けていかなければならないのである。

価格引き下げの契機

サイゼリヤの創業は1967年。大阪万博に『ケンタッキー・フライド・チキン』、『ロイヤル』、『京樽』などが出店し、『すかいらーく』の1号店もオープンしたことから、後に外食元年と称される'70年よりも3年前のことだった。ちなみに、'67年には京都に『餃子の王将』の第1号店もオープン。売上げが軒並みに落ち込んでいる外食業界にあって、好調を維持しているサイゼリヤと餃子の王将は、奇しくも同じ年に誕生している。

ただ、後に詳しく触れるが、当初のサイゼリヤは軽食が中心で、料理と呼べるものは少ししかなかった。創業者・正垣泰彦に言わせれば、「喫茶店に毛が生えた程度」であったその店が、イタリア料理の店として生まれ変わったのは'69年のことだ。

イタリアンレストランチェーン『サイゼリヤ』の創業者・正垣泰彦会長

平成生まれの人間には想像もできないだろうが、その当時、イタリア料理はまだごく一部の人々のもので、ようやくスパゲティが家庭に広まってきた程度。ピザがどういう食べものかなど、普通の人々は知らなかった。

それなのに、イタリアの食文化にいたく感動し、「この料理を日本に広めたい」と決意した正垣は、本場イタリアに準じたメニューを提案した。

もし、これが東京の銀座とか六本木だったら、そのまま受け入れられたかもしれない。しかし、千葉は市川・本八幡、雑多な商店街の八百屋の2階にある店で提供したのだから、「何だかわけのわからないものを出しているぞ」という悪評しかたたない。いつまでたってもお客の姿はなかった。

正垣は振り返る。

「まあ目立たない場所ではあったけれどね。でも、商品に値打ちがあれば、場所は悪くてもお客さんは来るはず。来ないのはうちの商品に値打ちがないからで、じゃあ、値打ちを出そうと思ったんだけど、そのやり方がわからない。だったら価格を下げちゃおう、と。同じモノだったら安いほうがいいにきまってるからね。それで3割下げたんだけど来ない。じゃあ、5割だといって半額にしたのに、まだ来てくれない。それで7割引きにしたんだ」

7割引きにすると、今度はお客が殺到した。正垣によれば、当時、夕方になると1階の八百屋は、サイゼリヤに上がる階段のところまで売り物の野菜を並べていたという。

「それを飛び越えて上がってくるんだからね。価格ってやっぱり大きいな、と」

その後は一貫して低価格を維持している。'80年代後半からのバブル経済期に、外食業の多くが高単価政策を打ち出したときも、サイゼリヤは昔の価格を守り通した。

折しもイタリア料理ブームで、本場イタリアから高級レストランが進出。外食企業もここはチャンスとばかりに便乗し、高単価のイタリアン業態に着手している。日本の未来はバラ色と思っている消費者がほとんどだったから、サイゼリヤが値上げしても誰も責めなかっただろう。だが、サイゼリヤは動かなかった。

手元に'90年当時のメニューがあるが、価格はサラダ380〜580円、前菜類300円、グラタン480〜550円、ドリア380〜480円、スパゲティ450〜580円、ピザ380〜490円、リゾット類530円、魚介料理680〜980円、肉料理550〜1480円、エスプレッソコーヒー200円となっており、それは20年前とほとんど変わっていない。

イタリア料理店はもちろん、当時のファミリーレストラン(FR)と比べても破格の価格帯である。だが、これこそイタリアの一般的な価格だと正垣は言い続けた。

この当時、正垣は価格に対する考え方をアインシュタインの相対性理論を引き合いに説明していた。外食経営の専門誌『月刊食堂』(柴田書店発行)で'94年から連載された『サイゼリヤ革命』の第1回めにも相対性理論が引用されているので、その要諦をまとめてみよう。

正垣によれば、速度が見る場所によって変わってしまうように、価格もそれを受け止める場所によって変わるという。例えば、イタリアでは200円という価格が一般的な商品も、極東の島国でフランス料理を中心に西洋料理をとらえてきた日本人の目には2000円とか3000円とかに映ってしまった。

だから日本のイタリア料理店の価格は現地の10倍とか20倍になっていたのだが、正垣はイタリアの食文化を体系ごと日本に持ってこようと考えた。ならば価格も、イタリア人が普通だと考えている価格にしなければならない。これが正垣の価格戦略のスタートラインになっているのだ。もっとも当時、破格だった価格も、今から見ると「けっこういい値段だったんだな」と映る。サイゼリヤが徹底した低価格戦略でプライスリーダーシップを取っていくのは'90年代の半ばを迎えようとしたときからだった。

〝ガスト台風〟の中での価格引き下げ

20年以上価格を変えてこなかったサイゼリヤが、初の大幅価格引き下げを行なったのは'94年6月。ここでは390〜470円のピザを380円に、530円のリゾットを480円に、肉料理ではハンバーグ、イタリアンハンバーグ、焼肉ハンバーグ盛合せといった売れ筋をそれぞれ100円引き下げ、380円、480円、580円に改定。

ドリンク類ではコーヒーを200円から100円にしたほか、それ以外のソフトドリンクを軒並み50円引き。グラスワインは190円から180円に、デカンタは360㎖を250㎖に切り替えることで530円を350円に。フルボトルも既存メニューのうち18品で20円から920円までの値下げを行なっている。

この当時はすかいらーくが打ち出した『ガスト』を筆頭に、ファミリーレストラン各社が相次いで低価格業態を出店したが、そのなかで鍵となっていた商品がガストの380円ハンバーグ。値下げによりサイゼリヤのハンバーグも380円となったことから、外食業界のなかにはガストの圧力にサイゼリヤも追随せざるを得なかったという声もあった。

月刊食堂'94年8月号の記事『ズームアップ』には、ファミレス企業幹部2名の対照的なコメントが載っている。以下に引用する。

「サイゼリヤさんもガストなどの低価格攻勢でキツかったということでしょう。客数が上がっているのであれば、値下げはしないものですよ。〈中略〉低価格神話をもう一度回復させるために、ここ一番の勝負に出たということでしょう」

ある大手FRチェーンの幹部氏は、今回の価格引き下げをこう論評する。

別の和食FRチェーンの幹部氏は、別の見方をする。

「あの価格改定ですと、必ず客単価は下がりますよ。それでもいいとトップが判断したのでしょうね。たいしたものです。〈中略〉(原価率は)さほど上昇しないんじゃないですか。そして、客数の大幅増でより生産性の高い商売を目標に置いているのだと思います。〈中略〉低価格チェーングループの中では再び頭ひとつ抜けた、とこういったところじゃないでしょうか」

今となれば、おおむね和食FRチェーン幹部氏の言葉が的を射ていたことがわかるが、当時の外食業界では前者の意見が多数派だったはずだ。

経営誌に取り上げられることが増え、徐々に存在感を顕わし始めていたサイゼリヤであったが、店舗数はまだ2桁。「やたら人時生産性が高いところが不気味な低価格のイタリア風ファミレス」という程度の理解しかされていなかったのである。

だから、最大手のすかいらーくが本気になって低価格に取り組んだら、太刀打ちできないだろうというのがおおかたの見方だったのだ。また、価格戦略は相対的なものという認識が蔓延していたということもある。

このとき、筆者は月刊食堂の連載記事『サイゼリヤ革命』を担当していたこともあり、編集者とともに値下げの意図を少ししつこく正垣に尋ねた。

すかいらーくからの転換が本格的にスタートした'93年から、ガストはすさまじいばかりの勢いを見せており、外食業界は一気に〝ガスト台風〟に巻き込まれた。'94年になると店内の荒廃化が顕著になって勢いを失うが、今度はガストの方程式を当て嵌めたグループの中華業態『バーミヤン』に火がついており、すかいらーくグループの底力を見せつけていた。それだけに、正垣にもガストなどへの対抗意識があるのではないかと確認したかったのだ。

だが、正垣はいつもの口調でそれを否定した。

「そんなの関係ないよ。前から価格は下げたかったんだけど、ようやくそれができるようになっただけ。あのね、僕らの頭の中には、あるべき価格があって、それに近づけたいとずっと思っているんだけど、力がないとそれができない。だから、ずっと取り組んでいるんだよ。本当はもっと下げたいんだけど、今の僕らができるのはここまでということ。客単価が下がるとか、客数が伸びるのかとみんな言うけど、そんなの考えてないんだから。僕の頭にあるのは、毎日食べても飽きないし、財布にも負担のかからないイタリア料理のあるべきコーディネーションと価格があって、それに近づこうということだけ」

正垣のいうコーディネートとは、前菜からデザートまでのメニューカテゴリーからお客が好きなものを選び、一連の食事を組み立ててもらうことを意味する。その組み立てを行なうには、確かに単品の価格は安くする必要がある。高ければ単品の注文で終わってしまうから、正垣の考えているような豊かな食事シーンは提供できない。

「だから、安くなきゃコーディネートはできないわけですよ」

なるほど、と思ったものの、このときはまだ心の中に「ホントかよ」という疑いがあった。だが、その後も何度かにわたって行なわれた価格の改定により、正垣の言葉に嘘偽りがなかったことを知らされることになった。

安さって何なのか

'94年の大幅な値下げ以降も、サイゼリヤは継続的に価格の引き下げを行なっている。

'97年11月のメニュー改定では1180円だったステーキを980円に、1080円〜

2780円だったフルボトルワインを980円～1980円に引き下げている。

その翌年、'98年の10月には、250円で提供していたスープを179円に、フルボトルワインは1980円という上限価格を1880円に引き下げた。

だが、これらはまだ前兆に過ぎなかった。外食業界を震撼させたのは'99年11月25日のメニュー改定である。ミラノ風ドリアを480円から290円に引き下げたのだ。

このときにはステーキ980円を880円に下げるなど、他にも値下げを行なっているのだが、ドリアの前に霞んでしまった。なぜならミラノ風ドリアはサイゼリヤのなかでも群を抜く売れ筋商品。言うまでもなく稼ぎ頭だが、それをいきなり4割引きし、コンビニ商品並みの価格にしたからである。

'95年に行なったハンバーガーの値下げ、そして'98年に期間限定で行なった半額セールと、ファストフードの世界では、『マクドナルド』が既存チェーンを突き放す過激な値下げを行なってはいたが、テーブルサービスではとくに波風はたっていなかった。

言うなればガスト台風が過ぎ去って、落ち着きを取り戻していた時期であっただけに、

290円のインパクトは強烈だった。

しかし、正垣は何でみんなが騒いでいるのかわからないと言いながら、ミラノ風ドリアを値下げした理由を説明した。

「なぜなら一番売れているから。その商品が売れるのは、それを食べたお客さんが喜んでくれている証拠でしょ。一番売れるってことは、一番喜んでもらっているということだから、それを安くすればもっと喜んでもらえるってことじゃない。それ以外の理由はないですよ」

実にサイゼリヤらしい理由である。

もちろん、ドリアに注文が集中すると利益率は減るし、客単価が下がり売上げも落ちる。普通の経営者にしてみれば最悪の事態になるわけだが、正垣は最悪でも何でもないと言い切る。

「お客さんが喜ぶんだから、逆に最高なんだよ。お客さんに喜んでもらうことがチェーンストアのビジネスにおける優先順位の第一であって、利益を出すことは一番じゃないんだから」

すでに理解しているつもりであったが、ここにきて確信した。すなわち、サイゼリヤにおける価格引き下げとは、あくまでゴールに向かうための道標なのである。あるべき姿に至る道程で、自分たちはいまどこにいるのか確認するためのものなのだ。

だから、客単価が変わろうが何しようが関係ない。昔から正垣は「客単価を意識したことないから」と答えていた。自分たちの価格を追うことが優先であり、その価格に対してお客がどう反応したかという結果が客単価。ドリアの価格にしか魅力を感じないようならば、ドリアに注文が集中して客単価は下がる。逆に、この価格なら他のメニューとコーディネートできるという価値を感じれば、注文品数が増えて客単価は上がる。

それを判断するのはあくまでお客であり、自分たちでどうこうできるものでもない。だったら、客単価を意識するのは無駄でしかないというわけだ。

さて、らしさということで言えば、2000年11月のメニュー改定で行なわれたワインの値下げも同様である。ここではグラスワイン120㎖を180円から半額の90円に、デカンタ250㎖の330円を180円に、同500㎖を630円から350円に、そして1500㎖のマグナムボトルも1680円から1000円に引き下げた。ハウスワインは1㎖が1円以下という、酒類ディスカウント店並みの価格を提案したのである。

サイゼリヤをひも解くキーワードのひとつが、あとで触れるがワインである。そもそも正垣がイタリア料理のチェーン化をめざしたのも、「ワインのある食事シーン」を日本に定着させたかったからでもある。

だから、正垣はこのときの値下げを、自身のストレス解消が狙いと述べている。

「店数が増えるとワインが売れなくなっちゃうんだよ。いや、総体としては売れているんだけど、僕が思っているようには出ない。考えてみれば当然なんだけど、店が増えればどんどん小商圏化するよね。つまり日常化するわけだけど、日本人にとってワインはまだそういう飲み物になっていないし、敷居が高いと感じる人もいる。だから、家の近くにあるサイゼリヤでは、ワインを飲まないと。それはわかるんだけど、僕としては何で売れないんだ、コンチクショーと。ワインは僕のビジネスの原点の部分だからね。そういう状態って、ものすごくストレスが溜まる。よーし、だったらこれでどうだという考えが、この価格にはあるわけ」

ストレス解消は話半分としても、正垣は以前からワインをコーヒーよりも安くしたいと言っていた。そのために、品種はもちろん、種から栽培方法、熟成や出荷時期まで指定したプライベートブランドのワインづくりをイタリアでスタートさせている。ワインのすべてをコントロールしているからこそ、この価格が実現できたのは言うまでもない。

かつて正垣が言ったように、レストランチェーンとしての力をつけていくことで、着実に価格を下げてきたわけである。

むずかしいから楽しい

サイゼリヤが安さに取り組む理由はただひとつ、人に喜んでもらうためである。それも、一部の人々だけでなく、より多くの人たちに喜んでもらうためだ。価格を下げて、誰でもが食べられる価格になれば、より多くの人に食べてもらえるし、頻度も上がって何度も喜んでもらうことができる。

だから、「安くておいしいものを出すことが一番の社会貢献」というのが、サイゼリヤの考え方だ。

だが、それが一番むずかしいことは言うまでもない。正垣は言う。

「高くておいしいはそんなにむずかしくないけれど、安くておいしいものを提供するには身を削らないとできない。誰もが避けたいことだよね。でも、僕らはいくら難題であっても、それが大事なことなら逃げずに取り組む。誰もが避けているってことは、その難題に取り組むことが、そのまま差別化になるからね」

しかし、世の中には、サイゼリヤを含めた低価格路線の外食業に対して批判的な声も少なくない。

「サービスをおざなりにした安さでいいのか」とか、「行き過ぎた低価格は市場そのものをだめにする」といった声である。あるときには「これからは品質とホスピタリティが重要になる」という表現で、けん制球が投げられたのだ。

これに対して正垣は堂々と反論する。

「そんなの楽したいから言っているだけ。心を込めて作ってるから高くていいなんて、お客さんは思っていないもの。お客さんに一番よくわかるのは価格であり、安いというのは本当に大切なこと。世界中のビジネスを見ても、みんな安くていいものという方向に向かっているじゃない。食べもの屋だけが例外なんてありえない。だから僕は、『安いものは嫌だ』と本当にお客さんが言うんだったら、このビジネスやめるよ。そんな楽な商売、つまらないもの。むずかしいからこそ面白いんじゃないか」

正垣はポピュラープライスは下がっていかなければならないと考える。生活に欠かせないほど重要なものであればあるほど、価格はどんどん下げていくべきで、逆に高くなっているものは、社会から不要になりつつあるという。

東日本大震災を経験した今、サイゼリヤが提案する価格の意味を多くの人々が理解しているだろう。被災地では生活を再建するため、それ以外の地域でも震災にともなう企業の業績低迷による収入減を切り抜けるため、人々は本当に必要なものしか購入しなくなる。

飲食にしても同様だ。雰囲気やサービスで高いお金をとっているような店には行く気もなくなるし、いくら安くても価値のないものは選びたくない。選ばれるのは餃子の王将や『幸楽苑』、あるいは牛丼チェーンなど価値のともなった低価格業態である。

もちろん、サイゼリヤもそのひとつなのだが、正垣が強調するようにコーディネートできるメニューの広がりと安さがあるから、ワインとともに豊かな食事を楽しむことができる。世の中、これからも我慢しなければならないことはたくさん出てくるだろうが、そんなときに何より励みになるのは、家族や友人と囲む楽しい食事である。財布に大きな負担をかけることなくそれができることのありがたさを、サイゼリヤで実感している人は多いのではないだろうか。

価格は下げ続ける。ただしその前に……

お客がこれなら買いたいという価格。すべての商品がそこにたどり着くまで、サイゼリヤは安さに満足することはないだろう。「この安さならいいだろう」という思い込みは、やはり難題からの逃避であるからだ。

ただし、だからといって絶対に値上げしないと考えているわけではない。これ以上そぎ落とすところがないくらい無駄をなくしているのに、こんな給料じゃやっていけないとほとんどの従業員が言う時には、価格を上げていくことも考えなければならない。

しかし、原油高騰による輸送費アップとかのコストプッシュ要因くらいではネを上げるわけにはいかない。そうならないように、工場をはじめとする投資を続けてきたのである。

これまでにも同じような価格帯を打ち出してきた外食業はいくつもあった。だが、形は真似できても、これまで述べてきたような考え方は真似できない。

サイゼリヤは低価格のテーブルサービス業態がなかった頃から安かった。よその店に勝ちたいから安くしたのではなく、安くておいしいものを出すことが一番大事であり、一番大変だから取り組んできたのだ。

価格を下げたことを強調したこともない。例外はワインの価格を大幅に引き下げたとき「ワインフェア」と銘打ったくらいである。そんなことをしなくとも、会計の時に「あれ、前より安くなったかな」と感じてもらえばいいというスタンスだ。

お客を集める目的ではないから、よそがサイゼリヤに負けないくらいの価格にしたところで関係なかった。正垣に言わせれば、仲間が増えるわけだからと、むしろ歓迎していたほどだ。

「それに、まわりがみんな安くなってくれれば、うちが安くしてもお客さんが押し寄せることもなくなる。従業員も疲れなくてすむわけだからね」

しかし、残念ながら数年経つと低価格業態の多くは消えてしまったり、客単価アップの方向にシフトしていく。サイゼリヤの表面的な部分をなぞっただけでは、すぐに行き詰まってしまうのだ。

最近は目立った価格改定はないが、決して価格引き下げをあきらめているわけではない。正垣からバトンを受けて社長に就任した堀埜一成も「価格は下げたい。ただし、その前に利益体質を作らなければ」と答えている。

確かに、これまでは利益度外視で行なう価格引き下げもあった。正垣は「まず、お客さんが喜ぶこと優先」だから、その後、利益ができる形に持って行くということがしばしばだった。そのため、サイゼリヤの指導をしていたチェーンストア研究団体『ペガサスクラブ』のチーフコンサルタントである故・渥美俊一からは「順序が逆だ」と怒られていたようだ。

堀埜は、次に価格に触れるのは、消費税率アップのタイミングになるだろうと予測する。

「例えば消費税が10％になったとき、それをうちで飲み込むという形になれば数字は動くと思う。じゃあ、今の5％も飲み込めばいいじゃないかというかもしれないが、5％じゃ数字は動かない。クリティカルポイント（臨界点）はどこになるのか考えながら、価格を動かすことができれば、相手がどう出ようとうちの価格帯を設定できるから。ただ、それまでに利益の出る体質になって、できるだけ利益を貯めておかないと」

消費税率のアップに対しては複雑な思いだが、そのときサイゼリヤが打ち出す価格には興味が尽きない。

第2章

味と品質

コントロールすれば
おいしくなるのだが……

おいしさとは何か

サイゼリヤはおいしい。

単に安いだけでなく、正垣の言うようにおいしいところに価値がある。

食べものの価値とは、おいしさが価格を上回ることだから、仮に品質が変わっていなくとも、価格が下がるにつれて価値は大きくなっていく。しかも、サイゼリヤは常に素材の品質を高める努力を続けている。価格が下がるたびにおいしく感じられるようになるのはそのためだ。

世の中にはサイゼリヤを「安いだけでちっともおいしくない」と評価する人たちがたくさんいることもわかっている。だが、ただ安いだけの店に、年間のべ1億3000万人ものお客が来店するだろうか。

おいしいとは言わないまでも、行く価値がある味と判断しているから、日本の人口を上回る客数を集めているのだ。

では、なぜおいしくないという評価が出てくるのか。

ひとつには、店舗段階で何らかのミスがあったときだ。厨房内の作業を極力減らしているとはいえ、人間がやることだからどこかでミスは起きる。訓練が足らなければその確率は高くなるし、充分な訓練を施したとしても、それは確率を下げているだけであり、人が作業している以上、ミスを完全になくすことはできない。

例えば盛り付け。一時期は「何だかなあ」とがっくりする雑な盛り付けに、かなりの頻度で出くわすこともあった。見た目が味の一部だというのなら、確かにおいしさを感じさせないところがあることも否定できない。

だが、食べてしまえばいつもと変わらぬおいしさがある。だから、「見た目は悪かったけど、まあいいか」となる。この値段でこれだけのものが食べられるのだから、許してやろうという気持ちになるのだ。

しかし、その商品の単価が高い場合はどうだろう。高ければ高いほど見た目は重要となり、メニューブックの写真とは違った外見で出てくるだけで気分を害する。味に対する期待度も高くなっているから、生半可なおいしさでは不満が残る。

外食関係の記者として、長いことチェーンレストランで食事をしてきたが、他のチェーンに比べるとサイゼリヤは会計時にがっかりすることが少ない。価格構成的に過度な期待は抱かないし、一方、その価格から想像するレベルを上回るおいしさがあるからだ。

問題は、厨房の決まりごとが守られなかったときだ。例えば、何らかのアクシデントで劣化が始まったオリーブオイルを、それと気付かずに使ってしまった場合や、決められた温度で管理しなければならない食材を仕舞い忘れていて、そのまま使ってしまった場合などだ。これは間違いなくまずくなる。

こうしたことは無くなることはないだろうが、例外的なミスであり、世にある「おいしくない」という評価につながっているとは思えない。

やはり、最大の理由は、世の中に広がっているおいしさに対する定義が、サイゼリヤのそれとは違っていることにつきるだろう。

おいしさは感覚の問題だから、個人によって異なる。だから定義などできない。それが従来の外食業の考え方だった。

これに異を唱えたのが正垣であった。月刊食堂『サイゼリヤ革命』のなかでこう述べている。

「不思議なことに外食産業には『おいしさ』の定義がない。おいしさを科学としてとらえているレストランはないといっていい。そこでわれわれは、おいしいということはどういうことなのだろうか、と考えることから始めた」

ここで引き合いに出されるのがフランス料理である。正垣は自身の体験として、「三日三晩食べ続けると気持ち悪くなった」ことを挙げ、これを果たしておいしいと定義できるのだろうかと疑問を投げ掛ける。

また、『16歳の教科書2』(講談社刊)の中では、ステーキを例にとり、「ステーキを食べてうまいと思うのは、珍しさで脳がびっくりしているから。びっくりするから感激するし、記憶に残る。でも、刺激に慣れると飽きるし、続けて食べると嫌になる」と説明する。

ここが重要なところで、外食業というのは基本的に「脳をびっくりさせる」ことで成り立っている。毎日、食べるものではなく、誕生日を祝うなど、いつもとは違うものを求めるときに食べてもらう食事を提供する場所、それが外食の位置付けだった。

とくに洋食系は、もともとホテルがルーツだったこともあって、その傾向が強かった。今では身近な存在になったファミレスにしても、かつては家族揃って食事を楽しむというレジャーの場であり、週に何度も出かける場所ではなかった。

たまに来てもらうのであれば、インパクトのある味にしたほうがいいのは当然だ。何かの機会にふと思いだして、「あれが食べたい」とたまらなくなる。そういう商品づくりが必要なのだ。ケンタッキー・フライド・チキンなどはその典型だろう。また、今も非日常的な使われ方をする専門料理店に必要とされるおいしさも同様だ。
その結果、外食が日常的なものになった現在もまだ、珍しさやインパクトなど脳をびっくりさせる味が、おいしさの基準になっているのだ。

毎日食べ続けられるおいしさとは——

だが、サイゼリヤはおいしさを「毎日食べても味わいがあり、いつまでも食べ続けたくなる味」ととらえた。例えば、日本人にとっての白飯だ。白飯なら1日3食、一生食べ続けても大丈夫と正垣は言う。
「なぜ飽きないか。白いごはんが『うまい!』でもなければ『まずい!』でもない、ちょうど中間にあるから」(『16歳の教科書2』より)
月刊食堂『サイゼリヤ革命』で正垣は、さらに「毎日、食べても飽きないもの」を突き詰め、究極は「空気」と結論する。日本人だけでなく、世界中のどの人間にとっても、毎日、取り込んでいけるのは空気しかないと述べ、やはり相対性理論を引用している。その要点をいささか乱暴にまとめると以下のようになる。

　前章でも触れたように、速度は計測する場所によって変化する。しかし、光の速度だけはどの場所から測っても一定なのは、時間が速度の中で変化するからだ、ということを説いたのが特殊相対性理論だ。

　正垣はまず、「味とは速度である」と仮説を立てた。世界の各国には、その国独自の味の体系があり、その体系から他国の味を判断しているから、味の受け止め方が変わってくるわけで、これは、計測する場所で変わってしまう速度と同じであると考えたのだ。だから、日本人が受け止めるイタリア料理の味は、イタリア国内で食べられている料理のそれとは異なるものになる、というわけだ。

　しかし、イタリアだろうがどこだろうが、うまいともまずいとも感じずに、毎日毎日飽きることなく口にしているものがある。それが空気だ。したがって、相対性理論における光に当たるものが、味の世界では空気であると正垣は考えたのである。

ならば、自分たちがめざすべきおいしさとは、空気のように世界中の人が飽きずに毎日でも食べられる味となる。これまでの外食でおいしいとされてきた味とは対極の味を志向したのだ。

イタリア料理を選んだのも、世界で一番味付けが少ない料理だからという。

しかも、イタリアにはきちんと体系として成立している食文化があるところにも惹かれたと正垣は言う。

例えばアンティパスト（前菜）からドルチェ（デザート）まで食べる順序があり、それに合わせる飲み物も食前酒から食中酒、食後酒、コーヒーまできちんとしたルールがある。それでいて、TPOS（Time, Place, Occasion, Style）に応じて好きなように組み合わせて楽しむことができる。常にフルコースというわけではなく、例えばアンティパストとパンで朝食に、アンティパストとパンとスパゲティで昼食に、ドルチェとコーヒーでティータイムにぴったりの食事内容となる。スパゲティやサラダは何種類もあるから、それを組み合わせていけば毎日でも食べられるというわけだ。このように、用途別に対応できる合理的な食文化にも魅力を感じたのである。

毎日食べてもらう料理とたまに食べて満足してもらう料理では、同じイタリア料理といってもめざすところの味はまったく違う。本来、比較すべきではないのに、高級専門店であるリストランテの味の基準でサイゼリヤを判断するから、「ちっともおいしくない」という評価が出てくるのだ。

サイゼリヤはイタリアでいうトラットリア、どの町にもあって地元の人たちがほぼ毎日のように利用するような大衆食堂である。その価値を理解している人間にとっては、サイゼリヤは「おいしい」と評価するに充分な店となる。

イタリア料理関係者やワイン関係者にサイゼリヤを評価する人が多いのも、職業柄こうした違いを理解しているからだ。

あるいは、海外経験も豊富な年配者にサイゼリヤのファンが多いのも、いろいろなものを食べてきた経験からたどり着いた結論が、サイゼリヤの考えるおいしさと同じだからであろう。

コーディネートで生まれるおいしさ

月刊食堂で『サイゼリヤ革命』の連載を開始した直後、正垣はこう言っていた。

「あんたたち、サイゼリヤなんてうまくもねえと思ってんだろうが、俺の言う通りに食ってごらんよ。すごくおいしくなるから」

要するに、イタリアの食文化に則り、きちんとコーディネートして食べてみろというわけだ。これもまた、サイゼリヤのめざすおいしさとはどのようなものかを探るための鍵となる。

サイゼリヤの料理は基本的に、ワインや前菜、フォカッチャなどと組み合わせて食べたときに、一番おいしくなるように設計されている。ファミレスのように単品で満足してもらう商品ではないのだ。

今、食べているものが次に食べるものをおいしくする。あるいは、ワインが食べものをおいしくし、食べものがワインをおいしくする。そのようなコーディネートにより生まれるのがサイゼリヤのめざすおいしさであり、それを連鎖させる食事のスタイルがフルコースなのだと正垣は言うのである。

「もちろん、単体でも食べてもらえるだけのものじゃなきゃダメだけど、コーディネーションしたときに生まれるおいしさというものを、僕らは一番大事にしているんだ」

コーディネーションのなかで、とりわけ重要だと考えているのがワインである。正垣が味とは何かを突き詰めていったとき、発見が大きかったのがワインだった。

「ワインは酸味と渋味と苦味の3つの要素でできているけれど、そのひとつだけを取り出してみると、そのままでは口にできないものばかり。自然界では酸っぱい味は腐っていることを知らせるサインだし、苦いものも渋いものも、そのままでは食べられない。そうした食べられない味だけで成り立っているワインが、人を感動させるだけの味わいを持っているんだから不思議だよね」

正垣はワインからいろいろなことを学んだ。例えば、なぜワインと一緒だと食べものがおいしくなるのか。ワインの持つ酸・渋・苦が食べものの味のバランスをとるからではないかと考え、メニューを構成していった。かつてアーティチョークを前菜として提供していたのもそのためだ。

最初のイタリア料理ブームが起こった'90年代当初でも、アーティチョークは日本人にとってはまだ苦手な食べものであり、サイゼリヤでもそれほど売れている商品ではなかった。

「しかし、アーティチョークを食べると唾液が甘くなり、ワインが実においしくなる。我々の提案するイタリア料理には絶対必要だから、メニューに載せ続ける」

というのが当時の正垣の言葉。残念ながら、さすがに時期尚早だったのか、アーティチョークは'90年代半ばのメニュー改定で消えてしまった。ワインがほとんど出ていなかった時期だから、それも当然だったのだろうが、今、復活させたら面白いのではないかと思う。

かつてのサイゼリヤには、こうした商品がけっこう多かった。よほどの専門店でなければ提供していないような商品が突然、メニューに加わっていたのである。

プリッツエルに似たタラッリーニなどもそうだった。ワインと一緒だと無意識のうちに手が伸びるタイプの食べものだったが、注文しているのは筆者のテーブルくらい。提供していた期間も短かったと記憶しているし、たぶんあまり売れなかったのだろう。

サイゼリヤでは、自分たちが売りたいものはすべて決まっているという。正垣流に表現すると「トータルシステムとしてのメニューラインアップ」は、すでにでき上がっている。それは、詰まるところイタリアで長年食べ続けられているクラシックな料理である。

サイゼリヤにとってのメニュー改定とは、あるべき姿に到達するための試行錯誤だ。こういうものを食べてもらいたいという明確な像があり、お客のイタリア料理への順応度に合わせて、「これはまだ早い」「こっちはもういいだろう」と判断して、導入すべき商品を投入するのである。

もしサイゼリヤが想定したほどマーケットの順応が進んでいなければ、お客はおいしいとは感じないだろう。つまり、その商品に価値を感じないわけで当然、販売個数は伸びない。アーティチョークやタラッツリーニのようにメニューから消えていくことになる。

正垣はこうも言う。

「おいしさって何なのか。これを説明するのはすごくむずかしい。だから、何とか数値に置き換えたいと考えてきたけど、おいしさとは、客数が増えることではないかというのが僕らのたどり着いた仮説。その商品に価値を感じるのならたくさん売れるし、そういう商品が揃っていれば客数が増える。簡単なことなんだよ」

おいしいものが売れるわけではない。売れているものがおいしいのだ。

外食業界では昔からこう言われてきた。正垣が言っていることと似ているように見えて、実は違う。売れているものがおいしいという考え方は、ヘタをすると単に売れればいいという商品政策に陥ることになる。売るためには、他社で売れているものを取り入れればいいというラインロビング（商品カテゴリーの絞り込み）の発想を生む可能性が高いのだ。

一度それを許してしまうと、イタリア料理という文脈の中に、日本料理やら中国料理などが入り込んだりする。その典型がファミレスや居酒屋のメニュー構成である。そこにはすでにコーディネートという考え方は失われている。どれほど多くの人間がそれをおいしいと言おうが、サイゼリヤが提案したいと考えているおいしさとは違うのだ。

売るべきものはすでに決まっている。それをみんなが喜んで食べてくれるような味にすること。これがサイゼリヤのメニュー改定なのである。

最高の素材を傷めないこと

では、どうやったらみんなが喜んで食べてくれる味に近づけるのか。これについてもいろいろな考え方はあるが、「素材本来の味わいを活かした料理」であるところのイタリア料理を提供するわけだから、サイゼリヤでは、素材の品質を上げることが、商品の価値を高める方法だと考える。

品質を高める第一歩は、最高の素材を選ぶことだ。正垣はこんな話をしてくれたこともある。

「飛行機のファーストクラスに乗るとよくわかるんだけど、航空運賃から割り出せば、1食10万円くらいの料理が出てくるじゃない。調理もろくにできない環境なのに、なんでそんな料理が出せるのかっていうと結局は素材にいいものを使っているから。つまり、うまいものは素材なんだよ」

調理というのは、ある意味では素材を傷め付けているのと同じことである。傷める度合いが少ない技術、あるいは傷めても他の味を足すことで傷みを感じさせない技術を持っているのが、一流のコックということになる。

ならば、ちょっとやそっとでは傷つかないくらいしっかりした素材、大幅に傷つけて品質を劣化させたとしても、コックが調理したときと同じ水準を保てるくらい高い品質を持つ素材があれば、腕の未熟な人間でもキッチンオペレーションを行なうことが可能となる。

だから、最高の品質が必要なのだ。正垣は創業期から初期段階のサイゼリヤを語るとき、従業員はドジなヤツばかりだったと楽しそうに振り返る。

「しょっちゅう包丁で指を切ってるヤツとかいたからね。だったら、そういう作業をどんどんキッチンからなくしていこうと考えた」

それが生産性を重視する一因となったわけだが、同時に、品質に対するこだわりもここから生まれたのだろう。多少のドジくらいカバーしてしまうほどの品質なら、安心してお客に提供できるものを作れるだろう、というわけだ。

だから、昔から正垣は、仕入れの担当者には「高くてもいいから常に最高のものを仕入れろ」

と言い続けた。最高の品質を追求すれば、仕入れのコストは当然上がる。サイゼリヤの原価率は昔から高い。生産管理技術者が増え、スケールメリットが生まれたことで原価が下がった素材・商材は少なくないが、それでも、いまも50％を超えているワインが数種あるほどだ。

食品工業技術が進んでいるだけに、いまサイゼリヤが使っている素材に近い品質を持つものもある。例えばミラノ風ドリアのように各店で毎日１００食以上売れている料理の素材を代用品に切り替えることで10円安くなったとすれば、年間では3億円近くのコストダウンになる。

非常に魅力を感じるが、サイゼリヤはそんなことで利益確保しようとは考えない。少しでも品質を落としたらお客に喜んでもらうことができなくなるわけだから、どんな状況になろうと品質を上げる努力が必要であり、品質を下げることはありえない。最低限でも現状維持でなければならないわけで、一度でも妥協してしまうと、なし崩し的に品質の低下が始まる。そうならないためにも、常に最高の品質を追い続ける必要があるのだ。

もちろん、ここで言う最高の品質とは、サイゼリヤで提供する商品にとってであり、もしかしたら他の店にとっては最高でもなんでもないかもしれない。

正垣が以前から口にしていたのが、日本の野菜や果物に対する不満である。

「野菜や果物は身体のためにも毎日、食べなきゃいけないものなのに、日本のは甘すぎる。甘みをうまさだと思ってるから、みんなそういう作りになっちゃうんだよ」

確かに、日本では糖度の高さが野菜や果物の付加価値になっている。それを看板にする飲食店や青果売り場も少なくない。だが、そのように甘味の強いものは毎日食べられないから、身体のためにもならない。サイゼリヤの求める品質ではないのである。

自分たちに必要な素材がない。あっても自分たちが求める品質ではない。だから、バーチカルなマーチャンダイジング(第4章参照)をするしかなかったと正垣は言う。とくに最近は、健康に加えて、安全や安心も食産業の共通テーマになっている。それらを考え合わせれば、農業に踏み込んでいかざるを得ないし、さらに土を作るためのたい肥や品種の改良にまでさかのぼっていかなければならない。

すべてをコントロールすることでおいしさを創造する

と同時に、産地からお客の口に入るまでの仕組みも必要である、とサイゼリヤは考える。なぜなら野菜は採りたてが一番うまいのだから、それをお客に届けることが最高の品質を提供することにつながるからだ。

ただし、野菜は繊細で、採ってから時間が経ったり、温度変化などがあると細胞は死んでいき、栄養分も失われていく。市場流通の場合は、共同集荷↓共同選別↓出荷↓市場↓青果業者という流れになり、それだけ時間がかかるし、人の手に触れることになる。

さらに、料理として提供するには、カットや盛り付けなどの「傷めつける」工程を経なければならない。いくら耐性のある品種に改良したとしても限界がある。そこで品質の劣化をできる限り抑える、言い換えれば、採りたてのおいしさをできるだけ損なうことなくお客に届けるための仕組みが必要となる。それがサイゼリヤのメニューブックにも記されているコールド・チエーンシステムだ。

低温流通体系と訳されるコールド・チェーン（システム）とは、生鮮食品や医薬品などを生産から消費の段階まで冷凍・冷蔵・低温の状態で管理し流通させる仕組み。サイゼリヤでは、朝まだ気温の低いうちにレタスなどを収穫し、畑まで乗り入れた冷蔵トラックに搭載。ここで野菜の休眠温度である4℃まで芯温を下げながらカミッサリー（食品加工・流通工場）に搬入。カミッサリー内も4℃を維持しながら加工し、再び冷蔵トラックで店まで配送。お客に提供するまでの管理温度も4℃で保たれている。徹底した低温管理を行なうことで鮮度、つまり栄養分の生きている状態が損なわれるのを防いでいるのである。

コメの場合も同様である。福島・白河の契約農家で収穫されたコメは、田んぼの近くにあるサイゼリヤ工場内の倉庫で1年分が玄米のまま保管されている。もちろん、温度や湿度はきちんとコントロールされている。

玄米の状態で管理しているのは、精米した瞬間から酸化による劣化が始まるからだ。毎日、必要な分だけ精米し、1回の炊飯量ごとにポーションパックしている。店舗ではパックから炊

毎日必要な分だけ精米して出荷。1回の炊飯量ごとにパックされ、店舗ではスイッチを入れるだけ。水分含有量もすべてデータに取る

飯器にコメを入れ、規定の印まで水を入れてスイッチを押すだけだ。

ただし、コメの水分含有量が違うと、同じ量の水でも炊き上がりが変わってくる。これをなくすために、精米工場では、その日精米するコメの水分含有量を調べ、1パックの米粒量を決めている。毎日10〜20g程度を増やしたり減らしたりすることで、バラつきのない炊き上がりをめざしているのだ。

ここまで細かい調整をする必要があるのかとも思うが、サイゼリヤに野菜やコメの食材を供給している有限会社『白河高原農場』本部取締役の矢作光啓はこう説明する。

「毎日、食べているものは、違いがわかるはずだというのが我々の考え方。とくにごはんは普段は何も意識していないけれど、違いがあるとすぐわかりますから」

サイゼリヤの素材に対するこだわりは、ブランドに対するこだわりではない。ごはんであれば、炊き上がりの原理を調べ、おいしいものをバラつきのない状態で提供するにはどうすればいいかを突き詰めていけば、炊飯器の種類やコメの種類は決まってくるし、炊飯1回あたりの米粒量まで管理する必要があることがわかってくる。つまり、生産からお客に提供するところまで、すべてを責任持ってコントロールすることが、サイゼリヤのおいしさに対するこだわりなのである。

とはいえ、これだけ徹底していながらサイゼリヤは、お客に「おいしさ」を押しつけない。自分たちの考えているおいしさとは、どのようなものであるのかは説明する。しかし、それでお客に評価されたいとは考えていないのだ。

「おいしいって言われなくたっていい。食べた後も嫌な感じがしないなあと感じてくれればいいんだから」

とは、正垣がよく口にした言葉である。嫌な感じがしなくて、それで価格的にも安いと思ってもらえれば、また来てもらうことができる。来ないのは商品に価値がないから。それ以外に理由はないというのである。

自分たちでできることは徹底して行なうが、最終的な判断はお客が下す。これもまた、サイゼリヤが提案するおいしさなのであろう。

第3章

安さとおいしさ

作業効率・生産性を高める要件を満たすために

生産性追求の原点

サイゼリヤの安さとおいしさを支えているのが、人時生産性の高さと、原材料のところまでさかのぼって商品を開発するバーチカルマーチャンダイジングである。

ただし、順番にすると、まず人時生産性の高さが優先された。人時生産性を追求してきたことでサイゼリヤは、高い品質の素材を使いながら、多くの人々が飛びつく価格、すなわちアフォーダブルプライスを生み出した。それが顧客の拡大再生産につながり、店舗数増加による規模拡大を促し、結果的にバーチカルなマーチャンダイジングを可能としたからである。

人時生産性とは、従業員1人が1時間あたりにどれだけの利益をあげているのかを示す指標である。算出方法は以下のようになる。

$$人時生産性 = \frac{粗利益高}{総労働時間}$$

かつての外食業は、製造業などに比べて著しく生産性が低かった。人が調理し、接客にたずさわる外食業は、工場のような機械化がむずかしく、売上げを上げるには総労働時間が増えるのもやむなしという側面があったのだ。そのせいもあったのだろう、経営的に優れているかどうかは、坪当たり売上高や客席当たり売上高などの売上高が判断基準となっていた。

外食業で生産性が重視されるようになったのは、'90年代に入ってからだろう。バブル経済の崩壊と市場の飽和により1店舗あたりの売上げが停滞もしくは減少し始めたためだ。売上げが減少して粗利益高が低下したけれども、従業員の賃金は簡単に下げることはできない。利益を確保できる仕組みを新たに構築するために、生産性を尺度として経営を考えようということになったのだ。

だが、サイゼリヤでは1号店のときから生産性を意識していたと正垣は言う。店を始めるにあたって、ペガサスクラブの渥美俊一や川崎進一の著書からフードサービスのマネジメントを学んでいたこともあって、外食を産業として捉えていた。店主だけが儲けるのではなく、働く人も同じように豊かになるものと考えていたのだ。しかし、周囲の飲食店を見渡しても給料が安いところがほとんど。生涯賃金も他の産業と比べると半分でしかなかった、と正垣は振り返る。

「お客に喜んでもらおうと安くしたりするのはいいけれど、だからといって、お金にならなくても我慢しようというのもおかしい。それじゃ誰もついてこないし、続かないよ」

なぜ、他の産業の給料は高いのかというと、機械化や自動化が進み、1人が単位時間に稼ぎ出す利益が増えているからだ。つまり人時生産性が高いわけで、自分たちの店で働く人たちの給与を他産業の水準まで引き上げるには、生産性を他産業並みの水準に近づけていくしかないと考えたのだ。

もうひとつ、商社やメーカーの役割も自分たちでできないかとも考えた。商社やメーカーの社員は、いい給料をもらっているわけだから、それぞれの儲けを自分たちの稼ぎに足すことができれば、みんなの給料が出せるという計算だ。つまり、バーチカルマーチャンダイジングについても、最初から考えていたことになる。

とはいえ、外食は労働集約型産業の典型でもある。水とかお茶を運んで注文を取り、調理して盛り付け、客席に運ぶ。食べ終わったら食器を片付けて会計。ホールサービスだけでもざっとこれだけ挙げられるし、厨房は厨房で調理以外に仕入れや仕込み、皿洗い、掃除などなど、作業は山のようにある。

これらはほとんど人の手を必要とするものであり、機械に置き換えることはできない。製造業のように自動化を進めてドーンと労働時間を圧縮することは不可能なのだ。

では、どうすればいいのか。正垣は無駄を省いていくことだと考えた。労働時間とは作業の積み重ねだから、無駄な作業があればあるほど労働時間は増えていく。同時に、作業内容も簡単で楽なものに変えていけば、作業に要する時間も短縮できる。

「人間が時間内にできることなんて限られるからね。作業を簡単にして、従業員を楽にしてやれば生産性は上がる。しかも、品質も安定してくるんだよ」

品質のバラつきがなぜ起きるかというと、作業が複雑だったり、疲れが蓄積されるからだ。誰がやっても簡単にできて疲れない作業なら、バラつきは少なくなる。

飲食店の中でもっとも作業量が多く、きついのは厨房である。バラつきもここで頻発していた。正垣は振り返る。

「この盛り付けならお客が喜ぶというのがわかっていたから、自分の料理には自信があった。でも、他の人間が料理したり盛り付けると苦情が来るんだ。とはいえ、僕がずっと作るといっても限界があるし、どうしたら調理を任せることができるんだろうと考え、調べてみたんだよ。どういう料理に対して、お客は文句言うのかなって。すると、手間のかかる料理だってことがわかった。要するに時間のかかるものだね。それで今度は、何で時間がかかるのかを調べると、包丁の作業が必要だったり、仕込みが大変だったりする料理。それから、火加減に気を遣わなければならない料理だった。その時から包丁作業と仕込み作業、そして火加減を店の調理場からなくしていくことを考えるようになったんだ」

1店舗の時から正垣は、生産性のコントロールだけを意識していたというが、本当の意味で生産性を追求し始めたのは、イタリア料理を提供しながら、価格を思い切り引き下げたときからだろう。

以前の何倍もの客数に対応するには、同じようなやり方では通用しない。調理が正垣に集中するようでは、すぐにパンクすることが目に見えている。誰もが正垣が作るのと同じ商品を作れるようになる必要があったのだ。

もちろん、それ以前に、従業員に喜んでもらえる給料を支払いたいという思いがあった。さっぱりお客が来なくて、ろくな給料も払えなかった時期も、従業員は我慢しながら正垣についてて来てくれた。まず従業員に喜んでもらうこと。それが生産性を意識する原点だったからだ。

科学的な方法論で高効率のトータルシステムを

正垣がまずめざした人時生産性は5000円。なぜ5000円だったのかを次のように説明する。

「労働分配率(粗利益高に対する人件費の割合)を50%とするなら、残業なしの基準内賃金だけで、社員1人に年間500万円の給料を支払うためには、1人当たり年間1000万円の粗利益高があればいい。これを年間総労働時間の2000時間で割れば、必要な人時生産性は5000円。実際には4000円以上であれば充分だけど、それより低いと社員は快適に働くことはできないね」

普通の人間なら、ビジネスをやっているうちに人時生産性はいくらかと考えるようになるが、正垣の場合は、あるべき人時生産性の設定がスタートラインだったのだ。

この数字を実現するために正垣が採用したのは、東京理科大学理学部卒の理系人間らしく、観察・分析・仮説・検証を繰り返す科学的な手法である。毎日の作業を観察・分析して数字に置き換え、無駄な部分をなくしていくという方法論。ＩＥ（インダストリアル・エンジニアリング）とか経営工学といわれる方法論だ。

具体的にはどういうことなのか。月刊食堂『サイゼリヤ革命』のなかで、正垣は作業の数値化についてこう述べている。

「作業が人の手によるローテクである限りは、数量化とは、関節をどれだけ曲げるのか、何回曲げるのか、動く距離はどれだけあるのか、ということを観察し、数値に置き換えていくということになる」

数値化したら、今度はその作業の中から、どれが無駄な動作であるかを調べ、それを排除していく。例えば、ある作業をするために、これまで肘を90度曲げる動作を6回行なっていたとしよう。しかし、2回目と5回目の動作は省いても、同じ結果が得られることがわかった。ということは、肘を90度まで曲げる回数は4回でいいことになる。労働量はそれまでの3分の2で済むというわけだ。

ＩＥの考え方からすれば、それぞれの作業で必要な動作の種類と回数は、疲労が溜まらずに筋肉強化がなされ、翌日も快適に取り組める範囲内でなければならない。お客が大量に押し寄せるようになれば、人時生産性は目標の５０００円を超えることもあるだろう。ただし、作業量は増大するから疲れてしまい、翌日も疲労を引きずったまま作業をしなければならない。品質にバラつきが出るなどして結局、生産性を下げることになる。したがって、その作業において適正となる数値がわかるまで試行錯誤を繰り返す必要がある。

これを店内におけるすべての作業について行なうのである。無駄をなくすとは、従業員同士でおしゃべりしている時間をなくすといった表面的なものではない。それは常識以前の問題であり、追求すべきは、これまで普通だと思われていたこと、意識もしていなかったところまで踏み込んで問題を発見し、それを解決していくことだ。ひとつひとつの作業、あるいは作業を構成する動作まで徹底して無駄のないものとし、それらをトータルシステムとしてまとめ上げていく。そうでなければ、生産性を上げていくことはできないのだ。

トータルシステム化のために’80年代から活用していたのがコンピュータだ。生産性を上げるために、どのような問題が潜んでいるのか、どう工夫すべきか、何ができなかったかなどをデータベース化したのだ。たとえば、各料理の出数なども時間帯別にデータ化しており、どの時間帯にどれだけの準備をしておけばいいのかを割り出して、作業の平準化も図っていた。ちなみに、サイゼリヤのシステムは、ほとんど自社開発によるものだ。

生産性を企業カルチャーとして根づかせる

注目したいのは、生産性の重要性を初期の段階から社員やパート・アルバイトにまで説いていた点だ。'84年に入社した松谷秀治(現取締役生産物流本部長)は、生産性の概念が会社のカルチャーとして根付いていることに驚いた。

「社員全員がどうやったら無駄がなくなるのかを追求していました。モノの置き方ひとつとっても、こう置いたほうが生産性が上がるのではないか、とか。それも上から言われてやっているのではなく、社員の会話そのものが生産性を合言葉にしていたんです」

生産性を共通語にするためには、社員全員が数字に強くなければならない。作業を数値化することが、生産性を上げるための第一歩だからだ。そのために実施していたのが、数学強化セミナーである。

後に触れるが、サイゼリヤでは創業の頃、正垣が従業員に数学を教えていた。充分な給料が払えなくて申し訳ないということで始めたものだが、勉強が嫌いでこの世界に入ったという人間もみんな興味を持ってくれた。それを発展させたものが数学強化セミナーで、苦手という人間には、小学校のレベルからやり直す形で根気よく教えてきた。これにより数値でコミュニケーションを行なう土壌を作ったのである。

注意しなければならないのは、生産性を上げる目的は、利益を増大化するためではないという点だ。正垣はなぜ生産性という考え方が不可欠なのかを説き続けた。

「利益を上げることも大事なんだけど、もっと大切なのは、どれだけ従業員が楽できるか。無駄をなくして作業が楽になればサービスだって良くなるんだから。疲れてたら笑顔なんて出るわけないじゃない。作業がシンプルになれば教えるのだって楽になるし、味のバラつきもなくなる。前に食ったときはうまかったけど、今回はうまくなかったたってんじゃ、お客さん怒っちゃうだろ」

現在でも、ほとんどの企業ではそうだろうが、人時生産性などの数字は、上から一方的に押し付けられている。なぜ、そのような物差しが必要なのか、説明のない場合も多いし、説明を受けてても理解できない場合もある。そうなると、現場の人間はその数字合わせだけしか考えられなくなる。結果、総労働時間を圧縮するために人員を減らしたり、販促をかけて粗利を増やすといった手段に出て、従業員の疲弊を招いたりすることになるのだ。

しかし、サイゼリヤは、社員のひとりひとりが「おいしいものを安く提供して、お客さまに喜んでもらうのに必要な人時生産性はいくらか」ということを意識している。生産性が合言葉になるのも当然である。

もうひとつ、共通語にするために準備したのは、総労働時間の計測を厳密にしたことだ。正垣は言う。

「生産性の単位は、基本的には1時間なんだけど、残業代をカットしていたりしたら正確な数字を算出することができない。正しい生産性を出すためには、店長や管理職に至るまで残業を1分単位で計算して、残業代も全額支払わなきゃならないんだ」

外食業のサービス残業は業病のようなもので、数年前の〝マクドナルド店長訴訟〟を契機に社会問題化したことにより、全額支給するところも増えているようだ。ただし、それでも社員は、タイムカードに打刻した後、再び働いているのが実情だ。これでは正確な総労働時間を算出できるわけがない。そうなれば、社員の生産性に対する意識も薄くなるだろう。

社員の給料を他産業の水準に近づけ、おいしいイタリア料理を低価格で提供し、店を増やして、より多くの人々に食べてもらうためには、社員全員が生産性に対する共通意識を持っていなければならないことを正垣は理解していたのだ。

テーブルサービスでは不可能な客数をこなせる理由

無駄をなくすためには、現場の作業を熟知していなければならない。何が必要で、何がいらないかは、現場で働いている人間しかわからないというのが正垣の持論だ。

「僕は43歳で社長業に専念するまで20年間、無遅刻無欠勤で1日15時間以上、ずっと現場で働いてきた。ずっとオペレーションに携わっていたから、何をなくせば現場は楽になるのかすぐわかる。店の造りや厨房機器の配置に至るまで、生産性を上げるためにはどうすればいいのか、手に取るようにわかるんだ」

ただ、配置などは生産性の指標をもとに行なわれていたものの、厨房機器そのものはガスコンロにオーブンというオーソドックスなものだった。

生産性という切り口からすると、特別な厨房機器が入っていても良さそうだが、その当時('80年代)までは、サイゼリヤが求める品質の料理を作れる能力を備えた機器類はなかった。前出の松谷を中心に厨房オペレーションの改革が進められたのは'90年代に入ってからである。'91年からコンベア式のオーブンの実験に着手し、'95年に導入。'97年にはＩＨのクッキングヒーターも導入した。松谷は言う。

「作業環境を改善し、生産性を高めようというのがテーマでしたが、もともとが原始的な厨房だったのでやりやすかったですね。機械に置き換えていくだけでしたから。まず火が出るものをなくそうということで、コンロはすべてＩＨに置き換えることにしました。オーブンは蓋の開閉や調理品の出し入れがあるので、作業としてはけっこう大変。そこで入れ換えなしで調理できるコンベア式に切り替えることにしたんです」

ジェットオーブンとかインピンジャーと呼ばれるコンベア式オーブンは、ガストが導入したことで有名になった調理機器だ。コンベア式だから連続調理が可能。従来のオーブンが1回ごとのバッチ処理だとすれば、コンベア式は連続処理となる。

オーブンの長所は、焼き上げているときに他の作業ができるところにあるが、いちいち入れ替えていたら、同時作業にも影響が出てしまう。コンベア式にはその心配がないから生産性も向上するというわけだ。

ガストは、和食などメニュージャンルが拡大して、相対的にオーブンを使う商品の割合は下がってしまったが、サイゼリヤの場合は、前菜からピザ、ドリア・グラタン・パエリア、肉料理、そして焼きたてパンとオーブンを使う商品が豊富にある。コンベア式オーブンから得られるメリットの総量は、テーブルサービスレストランのなかでは最大だろう。

何でもかんでもコンベア式オーブンでいいのかと思う人もいるだろう。だが、サイゼリヤの場合はそれでいいのだ。それぞれの料理の特徴とか価値は、店舗に入る前の段階、つまりカミッサリーやプラント、あるいは産地で創り出しているからだ。最終工程が同じでも、それぞれ個性ある商品になるようにトータルで工程管理を行なっているのである。

サイゼリヤの商品提供が、テーブルサービスのなかで突出して速いのは、このように効率化された生産性の高い厨房と調理システムを組み合わせているからだ。

サイゼリヤは、'10年3月オープンのトリアス店(福岡県)を皮切りに九州地区での展開に着手した。ここでお客が驚いたのは、安さと品質に加えて待ち時間の短さだった。トリアス店や西鉄天神南口店などは、オープンからしばらくは1日2000人を超える客数が押し寄せ、大変な行列ができた。しかし、商品の提供が迅速だから、お客の滞席時間も短い。さっさと食べてさっさと出ていくから、行列が長くとも待ち時間そのものは短くて済む。

もちろん、このような客数はあくまで異常値であり、店数を増やして本来あるべき客数に落ち着かせるというのがサイゼリヤの基本的な考え方だ。ただ、普通のレストランならパンクしてしまう客数に連続して耐えられるところに、サイゼリヤの調理オペレーションの完成度の高さを実感せずにはいられない。

強調したいのは、サイゼリヤの生産性の高さは、失敗の中から生まれてきたということだ。厨房設計にしろ調理オペレーションにしろ、ポンと生まれてきたわけではない。現在のドリンクバーも失敗やミスを重ねたことで定着した。

ドリンクバー導入の伏線は、'94年のメニュー改定にあった。コーヒーの価格を100円に引き下げたときだ。

「食後にコーヒーを飲んでもらいたいと100円にしたんだけど、今度はみんなが注文して、お代わりもするから、従業員は走り回らなくちゃならない。ヘトヘトになっちゃうんだよ。だったら、ドリンクバーを入れるしかないな、と」

価格は180円としたが、驚くべきことに、このドリンクバーは、利用したお客が会計時に自己申告するというものだったのだ。

そうなると、普通はこう考える。「利用したのに申告しないお客が続出するのでは……」。

実際、そういうケースもあると聞いていたので、それでいいのかと尋ねてみた。

だが、それでいい、それがサイゼリヤの考え方だと正垣は答えた。

「僕らだって、子どもや友だちと一緒に行ったら、自分のを飲ませちゃうでしょ。それが人間として当然のことなんだから。でも、それを不正というのなら、不正したくない人が不正しちゃうようなシステムなんですよ、普通のドリンクバーって。だから従業員も、回し飲みしてるんじゃないかってお客を疑うことになる。身体は楽になったって、ストレスが溜まったら、どうしようもないじゃない。第一、お客さんだって気分悪いよね。だからサイゼリヤのドリンクバーは、回し飲みしてもかまわない。いちいちお客さんを疑うんじゃなくて、だまされるのはレジのところだけにしようと」

だが、この画期的なサイゼリヤ式自己申告制ドリンクバーの命は、それほど長くはなかった。

従業員もお客も喜ぶようにと導入したのだが、お客からクレームが出てしまったのだ。

もともとだまされることも承知していたから、サイゼリヤとしてはまったく気にしていなかったのだが、見ているお客から不満が出た。「こっちはちゃんと金を払うのに、さっきの客は飲んでいるのに申告していなかった。不公平じゃないか」というわけだ。

お客がお客を監視するような環境では、楽しく食事をすることなどできない。正垣はシステムの欠点を認め、前注文という一般的なスタイルに変更した。

「ドリンクバーの後会計(自己申告制)は、サイゼリヤが世界で初めてやった仕組みと思っていたけど、そうじゃなくて、誰もやらなかったんだね。誰もやらないというのは、必ず欠陥があるということ」

正垣は、もともと店側がやるべきことをお客に強いているドリンクバーに否定的だったが、緊急避難的に導入したことで、お客のニーズがあることがわかった。生産性が目的ではなかったが、結果として、その仕組みの向上に一役買うことになったのだ。

規模が拡大して、カミッサリーやプラントが本格的に稼働。店舗内の作業の多くを店舗以前の段階で処理できるようになった'00年代に入ると、サイゼリヤは、新たな形で生産性の向上を図ることになった。

改善すべきところは無限にある

店舗作業の効率化は、'08年11月に設立されたエンジニアリング部が管轄することになった。その長についたのは、直後に社長の座を託された堀埜一成であった。

その堀埜は社長就任直後の『フードビズ』(エフビー発行の外食経営専門誌)のインタビューに応えて、次のように語っている。

「生産性を上げるいちばん楽な方法は、カミッサリーを変えることだけど、店舗を変えないと生産性の変革はありえない。800以上の店舗があるということは、社員だけで1000人以上、パートアルバイトも入れたら万単位の人間がいます。それだけ原資がかかっているわけですから、減る可能性もいちばん高いんです」

店舗にビデオカメラを設置して、従業員の動きを撮影し、すべての作業を洗い直すとともに、熟練者と経験の浅い従業員では、どれだけ作業の手際が異なるかを分析した。これにより、それまで平均で1時間かかっていた開店前の清掃作業を30分に短縮するなどの効率化を実現している。

効率化が進んでいるように思えたサイゼリヤの店舗オペレーションに、まだ生産性を上げる余地はあったのだ。堀埜は続ける。

「今の店の作業も半分以上は無駄で、エネルギーバランスの効率は非常に悪い。でも、無駄な作業のそれぞれに必要な理由があるから残されているわけで、だったら、その前提を変えていけば、省くことができるかもしれない。例えば、床を清掃するためこれまでモップで2往復して拭いていたとしたら、モップの幅を倍にすれば1往復で済む。これでエネルギー効率は半分になるけれど、まだ足りない。ゴミや汚れの発生原因を断つことができれば、清掃の必要がなくなるからです。ものの見方ひとつで、まったく変わってくるんです」(同前)

これと同じようなことを、正垣は月刊食堂『サイゼリヤ革命』のなかで述べている。例にあげたのは蚊を追い払うための蚊帳だ。

「もっと効率よく蚊を追い払うにはどうすればよいかを考えるとき、科学的な思考と方法論がない場合は、蚊帳をどう改良していくかという発想しか生まれない。蚊取線香を作るというのは、蚊帳という旧来の方法を捨て、新しい虫よけの方法を採用することだ」

堀埜は生産性向上のために重要なポイントはピーク型ではなく、ブロード型をめざすことだという。物事を改善していくとき、一般的にまず手を付けるのは目立つところ。サイゼリヤでいえば、作業が集中するピークタイムの人時の改善である。

「でも、ここはあらゆる要素が絡み合っているから、一番むずかしい。それより狙うべきは固定作業。全店同じことをやっているわけですから、同じ人時を削減できたら、売上げの悪い店ほど劇的に改善します。生産管理では、まず悪いところをなくしていくことから考えます。落ちこぼれをなくしていけば、平均点はすぐに上がる。突出させるのではなく、なだらかにして全体を上げていくわけです」

長年、生産管理と取り組んできた堀埜に言わせると、改善は無限だという。

「工場では毎年、億単位の利益改善が要求されますが、絶対にクリアできるものなのです。考え方次第でコストは必ず減る。逆に永遠になくならないという言い方もできるのですが(笑)。

ただし、天狗になったら成長は止まってしまいます。サイゼリヤも『技術が高い』『究極の生産性だ』という周囲の評価を真に受けてはいけない。謙虚さを持って、事実だけを見ていくことが大切です」

と、堀埜は語る。

サイゼリヤの生産性追求の旅は、会社がある限り続いていくのだろう。

II 科学する脳

第4章

バーチカルMDとは!?

根っこの部分を掘り起こし、
根源から取り組む

根っこからのマーチャンダイジングとは――

マーチャンダイジング(MD)は「商品政策」とか「商品化計画」と訳されることが多いが、要するに自分たちが何を販売するかを決めていくことだ。

したがってバーチカル・マーチャンダイジングとは、バーチカル(vertical=垂直の)という形容からも推察できるように、原材料の調達から製造、流通、販売までを一貫して自社で行なう商品政策をいう。メーカーの製品を問屋や商社から仕入れて売るのではなく、自分たちが売りたいものを原料の段階からコントロールしていこうという考え方だ。

素材からの開発。外食ではよく耳にする言葉だ。どこそこの漁港と直接契約した魚介の調達とか、契約栽培による野菜の生産など「産直」を訴求する商品作りは、いまの外食にとってお客を惹きつける重要なキーワードになっている。

そのメリットは、まず差別化である。他社にはない素材を持つこと、そしてそれがお客にとっても高い価値を感じさせるものであれば、食材そのものが強い武器になるのは言うまでもない。だから、みんな血眼になって食材を探し求めているのだ。

もうひとつの狙いはコストダウンだ。生産者と直接取り引きできれば、中間マージンがなくなるわけだから、これまでよりも安く調達することができる。その分、売価を引き下げることができれば、お客にとっての価値はさらに増すことになる。

サイゼリヤのバーチカル・マーチャンダイジングの原点も中間マージン、つまりメーカーや商社、問屋の利益を自分たちのものにできないか、という発想にあった。だが、すぐに素材対策のために取り組まざるを得ない課題という認識へと変化している。正垣が日本の野菜を例にして説明したように、自分たちに必要な素材がなかったり、求める品質を満たしていなかったからだ。

「なんでバーチカルにやるかというと、簡単に言えば、品質を自分たちで決められるから。メーカーや商社が言う品質は、突き詰めれば、消費者が直感的においしいと感じること。誰にでもおいしさがわかるのであれば、それだけ売れるわけだから、それをもって品質がいいと言っているんだよ。だけど僕らは、彼らの言うおいしさは求めていないからね」

正垣は、メーカーや商社が言う品質を否定しているわけではない。用途によって求められる品質は変わってくるわけだから、食べた瞬間においしいと感じる品質も必要だ。だが、それはサイゼリヤの用途にふさわしい品質ではないということだ。

「僕らの求めている品質を供給してくれるところはほとんどない。だったら、自分たちで作るしかないじゃない。それも本当に根っこの部分、つまり種から工程管理することができれば、うちにしかない商品を創り出すことになるしね」

サイゼリヤのバーチカル・マーチャンダイジングが多くの外食業と異なるのは、それを地鶏や銘柄豚のような特殊な素材に求めるのではなく、ごく日常的な食材で実現しようとしている点だ。例えば、採りたて野菜の提供である。市販品より大玉でやわらかいレタスは、調理しやすく歩留まりもいい。この採りたてのレタスをコールド・チェーンシステムにのせる。

野菜だけの話ではない。オーストラリア工場でホワイトソースなどの牛乳加工品を作るときも、乳牛の種類はもちろんだが、牧草の品種や肥料まで細かく定めている。そうでなければ、自分たちの料理に一番適した材料は手に入らないというのがサイゼリヤの考え方だ。

「本当のバーチカルとは、そこまでやらなきゃいけないと僕らは思ってるけど、誰もやっていない。みんなできないと思ってるんだよ。でも、みんなができないことをやれたら圧倒的な差別化になるじゃない。そういうむずかしいことに取り組むことが、僕らの楽しみでもあるしね。オーストラリアの工場だってそうだったよ。みんなできっこないって言ってたけど、投資して絶対にやるんだという意気込みで取り組めば、必ずできるものなんだ」

ハンバーグから始まった開発輸入

サイゼリヤの素材対策を大きくわけると、開発輸入と農業事業の2つに集約される。この2つの対策により集荷された素材がカミッサリーやプラントで加工され、店舗に届けられるのだ。

開発輸入というのは一般的に、相手国に資本や技術を供与して、自分たちの仕様に合わせた製品を開発して輸入することを指す。イタリア料理の豊かな食文化を知ってもらうためには、本場の食材を食べてもらうのが一番手っ取り早い。サイゼリヤでは、品質を追求するがゆえに、現地メーカーの協力を仰いで、自社仕様の製品を製造してもらっているのだ。

ここで見落としてはならないのは、「長年の信頼関係を築く」姿勢だろう。実際、正垣はまだ数店舗しかなかったときからイタリアの産地やメーカーを訪ねていた。サイゼリヤの原点となったローマのレストラン『マリアーノ』のオーナーなどから情報を仕入れては、当時、日本人が誰も足を踏み入れたことのないような田舎の村まで分け入った。だが、すぐに取り引きを始めることもなかった。その前に、お互いを理解するために充分な期間をとったのだ。こうした積み重ねがいまのサイゼリヤの基礎になっている。

とはいえ、三十数店の段階までは開発輸入ではなく、イタリアの良質な素材を輸入していただけにすぎない。プライベートブランド(PB)化には至っていなかった。

「本格的に取り組むようになったのは100店弱の頃から。その第一弾はオーストラリアのメーカーに製造を依頼したハンバーグでした」

そう語るのは取締役人材開発部長の長岡伸だ。当時は商品部の部長で、正垣からは毎日「直輸入しろ」と責められていたと笑う。

「それで何か商品開発できないかと、会長(当時は社長、以下同)たちとオーストラリアを回ることになったんですが、なかなかいいものがない。最後の最後に見つけたのがシドニー郊外でハンバーガーのパティを製造している『トップハット』というメーカー。これでやろうとなったんですが、そのときはまだ直輸入ではなく、ある業者の日本支社が輸入して、うちが買い付けるという形をとりました。大変だったのは物流。100店弱の規模はありましたが、北海道とか中部にもぽつんと出店していた程度。まだ外食向けの機能を持つ物流会社はなかったので、数社に断わられたのですが、おもしろそうだと引き受けてくれたのが『サンミックス』、現在の『味の素物流』でした」

その後、正垣らはイタリアに目を向ける。これまで商社経由で仕入れていたものを完全にPB化して、直輸入するためだ。それまでも正垣のネットワークで、いいものは入れていた。しかし、何百店と増えていくことを考えれば、理念に共感してもらうことはもちろんだが、それだけのスケールで供給できるメーカー、もしくは一緒に大きくなる道を歩んでもらえるメーカーを探さなければならない。長岡はイタリア貿易振興会を訪ね、当時の食品担当課長に相談したところ、日本在住のイタリア人を紹介してくれた。茨城県日立市に住むジャン・フランコ・クローチェという人物がトマト、オリーブオイル、パスタ、ワインなどのメーカーのリストを持っているというのである。

「すぐに連絡をとって、会長とクローチェさん、私の3人でイタリアに行った。これがイタリアからの直輸入の始まりです」

輸入の手続きはすべて長岡の担当だ。100店舗だと月にどのくらいの使用量になるのかを3ヵ月から4ヵ月前に予測してオーダーシートを英文で作成。船や通関の手配をして必要なドキュメントを揃えることまで、すべて1人でやった。商品部には彼1人しかいなかったからだ。

「大変でしたが、1回始めてしまうと何とかなるもの。それに劇的に価格が下がるのがおもしろかったですし……」

それまで商社経由で仕入れていたスパゲティの上代はキロ270円だったが、直輸入に切り替えると同130円と半額以下になった。日本で高級食材と言われているものも現地では、それほど高いものではなく、商社がいかに高い粗利を得ていたかが浮き彫りになった。こういうからくりを読み解いていくことも、長岡が開発輸入に熱心に取り組む一因となったのだろう。

サイゼリヤの規模拡大でメーカーも成長

商品部時代にはサラダの甘エビを求めて北極圏まで足を運び、社内では「犬ぞりに乗った男」

と、まことしやかに語られる長岡は、千葉大学1年の時からサイゼリヤでアルバイトをしていた。まだ7店舗の段階で、長岡が入ったのは今はもう無くなってしまった稲毛東口店。当時の店長は創業メンバーの山本慈朗、先輩アルバイトには現取締役海外事業部長の益岡伸之らもいた。「今思うと濃い店でしたね」と長岡は苦笑する。

「店長だった山本さんにはずいぶん影響されました。ワインの勉強を始めたのもそう。会長も年末の大掃除のときには全店回って高いワインを差し入れてくれたし。アルバイト代も全部ワインとチーズに費やしました。当時、ワインといえばフランスとドイツが大半で、イタリアはランブルスコとキャンティくらい。それを買っては、サイゼリヤに行ってみんなと一緒に飲んでいました」

結局、5年半アルバイトを続け、大学を中退して入社したのもワインのためだった。

「機械工学科だったんですが、卒論もあるしアルバイトをどうしようと悩んでいたら、山本さんが『うちに入ったら、ワインの勉強のためにイタリアに連れてってやるぞ』と。それで6月30日にすっぱりやめて、7月1日からサイゼリヤの社員になった。イタリアでの勉強には連れていってもらえなかったんですけどね(笑)」

その代わり、ワインの開発輸入を担当することができた。ハウスワインであるオスコロッソとオスコビアンコ、さらにサイゼリヤプレミアムの赤・白がそれだ。

これらのワインは、イタリア南部モリーゼ州の協同組合カンティーナ・クリテルニアで醸造されているが、品種や種子の決定、栽培方法はもちろん、醸造してすぐに瓶詰めするのか、樽熟させるのか、樽熟の場合は、どの段階で瓶詰めして出荷するかまで、すべて協同組合と議論しながら決定している。

さらに輸入には、高級ワインと同じくリーファー・コンテナ、つまり温度管理可能なコンテナを使う。その理由を長岡は『フードビズ』に連載された「透視図の中のワイン」でこんなふうに説明する。

「最初の1年はドライ・コンテナでしたが、その後、リーファーに切り替えました。日本の低価格帯イタリアワインがまずい理由は、流通の管理にあります。安いワインはフレッシュであるほど旨いのですから、劣化しないようリーファーで運ぶべきなんです」(フードビズ46号/'10

年）

当然のことだが、ドライに比べればリーファーのコストははるかに高い。コストよりも品質を優先するというサイゼリヤらしいエピソードだが、リーファーに切り替えたことを長岡は最初、正垣に内緒にしていたという。

「商品部は私1人でしたから、自分で判を押しました。だけど、'99年のワインフェアで驚くほどワインが出てからは、ずっとグラス100円、マグナム1000円でいこうということになって、さすがに黙ってはいられなくなって、会長に打ち明けましたが」（同前）

ちなみに、田中克幸氏によるこの記事は、サイゼリヤが提案するワインの魅力を余すところなく伝える素晴らしい内容だけに、機会があれば、ぜひご参照いただければと思う。

それはさておき、サイゼリヤの店舗数が増えれば消費量も増えるわけで、協同組合の規模も拡大する。サイゼリヤへの出荷量は40フィートのコンテナで月4〜5本にも及び、今やイタリアのワイナリーの中でも、日本への出荷量はトップクラスの規模となっている。オリーブオイルのメーカーにしても同様だ。

このように、ともに大きくなっていくこと。これがサイゼリヤの考える開発輸入だ。だから、トマト以外はいずれも同じところから取り続けている。もっと安いところがあるからと次々に取引先を変えていくようなことはしない。それでは誰も協力してくれないし、品質も上がらないと正垣は主張する。

「同じところからずっと買い続けることが大事なんだ。けど、安く買おうとしてもダメ。生産者が作り甲斐を感じる価格じゃなけりゃ、改善を要求していくことはできないからね。生産者にしても、投資に見合った価格で買ってくれるのであれば、よりいいものを作ろうと考える。考え方も両者で一致するんだね」

それが簡単な道程でないことは容易に想像できる。いくら一部食品だけに絞り込んでいようと、商社が長い年月をかけて築いてきたことを一レストラン企業が行なおうというのだから、そう簡単にできるわけがない。

だが、いみじくも長岡が話しているように、そのむずかしいことに挑戦しているから楽しいと感じる。日本にこれまでなかった価格と品質を提供できるという実感が、それを支えているのである。

相手をまず大きくし、その後、恩恵を享受

それにしても、安く買い叩いているわけではないイタリア産の食材を、あのような価格で販売して利益はあるのか。

例を挙げれば、イタリア人も絶賛するプロシュート(パルマ産熟成生ハム)は、エミリア・ロマーニャ州パルマ地区きっての高級メーカーである『フェラーリ・バラッツォーニ』社の製品だ。そのプロシュートを399円という、イタリアでも実現できない価格で販売しているのである。イタリア人が大絶賛するのも当然なのだ。

長岡も高級品ゆえに買うつもりはなかったと振り返る。

「おいしいという話を聞いていたから、みんなで食べに行ったんですよ。そうしたら会長が『うまいからこれ入れろよ』と言い出した。高いから売れないって答えたのですが、『バカヤロウ、最初からできないって言うな』って叱られて。最初は量も少なかったし、スライスもアウトソースにしていたから、ほとんど赤字でしたね。価格にしても、会長がいくらなら売れるかと聞いてくるので580円と言ったら、『よし、じゃあ380円だ』と鶴の一声で決まり。今は量も出るようになったし、自社でスライスしていますので、粗利は出るようになりましたが……」

フレッシュチーズとトマトのサラダ299円に使っているモッツァレラチーズも、普通ならこの価格では売れないレベルの製品である。製造しているのはサイゼリヤ同様にバーチカルに取り組んでいるメーカーだ。工場は何百頭もの水牛を飼育する牧場の真ん中に設けられているし、牧場のまわりには、水牛に与える飼料のための畑が広がっている。餌まで自前というメーカーはイタリアでもほとんどなく、その分、価格は高くなるが、評判もまた高く、正垣らは毎年、イタリアに行くたびに食べに行っていたという。

だが、これも最初は買うつもりはなかった。モッツァレラチーズは消費期限が30日という生鮮品であり、流通もチルドに限られていた。コストの低い船便は使えないし、航空便にするともともと高い製品がさらに高くなる。現地で1000円だとすれば、飛行機を使うと関税分も含めて３５００円で売らなければならない。これではサイゼリヤで売れるはずがない。

「それで諦めていたのですが、あるときクローチェさんがお歳暮として、そのモッツァレラチーズを会社に送ってきてくれた。ひとつ１４０ｇある大玉で24個も入っていたから食べきれませんよね。仕方がないから残ったのを冷凍庫に入れておいたんです」

数ヵ月後、解凍して食べて驚いた。製造直後とまではいかないが充分おいしかったからだ。

「これならいける。そう思って、次に工場を訪ねた時、冷凍してくれないかと頼んだんです。それならコンテナで運べるからと説明したのですが、向こうはできるわけない、と。冷凍する設備もありませんでしたから。まあ、しょうがないと再び諦めたのですが、次の年に行って驚いた。冷凍しているんですよ。どういうことだって聞いたら、アメリカのイタリア料理チェーン『ロマーノズ・マカロニ・グリル』に送っているという。ふざけるな、俺たちのアイデアじゃないかと怒ったのですが、それからサイゼリヤでも入れることができたんです」

ただし、最初は品質も低かった。メーカーに冷凍に関するノウハウや充分な設備がなかったからだ。自信を持って提供できるレベルになるまでは5年かかった。その間、先方と品質向上のための議論を重ね、冷凍設備もブラストチラーフリーザーに切り替えるなど、工夫を重ねたことで品質が安定したのである。

長岡は品質を追求した開発輸入で利益を出す方法を次のように説明する。

「メーカーとの付き合いですから、そのメーカーが大きくなること、より品質を高めることなどに協力するだけ。それで高品質の製品が安定的に生産されるようになれば、こちらもその恩恵を享受できるわけです。パスタもワインもみんなそう。いい関係を築くことが結果として利益を生むんです」

これは開発輸入に限ったことではなく、サイゼリヤの基本的な考え方であり、次に触れる農業事業においてもまったく同様である。

外食業の域を超える農業志向

サイゼリヤが福島県に農場を持っていることは、外食の世界ではよく知られていた。最近はいろいろな形で取り上げられるし、サイゼリヤ店内でもメニューブックや店頭ポスターなどで謳っているから、一般消費者にも浸透しつつあるといえよう。

ただ、それがどの程度の規模なのかというところまでは伝わっていない。たぶん、多くの人が想像しているのは整然と並んだ畑の姿だろう。実際は、そんなのどかなものではない。白河高原の山を丸々所有し、そこを開墾して畑を設けているのだ。

それだけではない。その周辺にも契約農家の圃場が広がっているし、福島工場の敷地内には育苗工場、および育苗用のビニールハウス、さらに圃場となるビニールハウスも設けている。サイゼリヤは福島県白河市周辺に農産物の一大生産拠点を持っているのである。

その中核となる白河高原エリアは、旧育成牧場の跡地で面積は280ha（東京ドームの62倍）、外周は42㎞にもおよぶ。主にレタスなど葉もの野菜の栽培と畜産業を運営しており、作付面積は賃貸の畑を含めて54ha。標高で500mから900mという高低差を生かし、時期をずらしてレタスなどを栽培しているから、長期間の出荷が可能となっている。

先に述べたように、コールド・チェーンを想定しての栽培だから、畑まで冷蔵トラックを乗

福島県白河市のサイゼリヤ高原農場は総面積は280ha。畑に直に乗り入れ、収穫物を積み込み、即座に搬送する体制ができている

り入れできるように設計。早朝、レタスを収穫するそばからトラック内に搭載し、サラダ製造のラインがあるサイゼリヤ神奈川工場まで配送している。トラック便は物流会社に外注しているが、管理はサイゼリヤ側で行なう。どのルートをたどれば、燃料費をはじめとする配送コストを抑えることができるかを計算して、トラックに指示を出しているという。

肉牛の日本短角牛と乳牛のジャージー牛を飼育する畜産業は、循環型農業をめざして着手した。まだ実験段階ではあるが、将来的には牛の糞尿を肥料や土壌改良の原料にしようというのである。また、稲作で生じる藁や精米時に出る米ぬかは牛の餌になるし、もみ殻も畜舎の敷床材や肥料工場の水分調整材としても活用できる。もちろん、頭数が増えたときには、肉牛として出荷も開始するし、ジャージー牛乳を加工して乳製品として提案していく考えだ。

育苗工場は正垣のいう「根っこからのマーチャンダイジング」に欠かせないものだ。ここではレタスなどの播種から育苗までを一括で管理している。その苗を白河高原の農場ならびに契約農家が引き取り、それぞれの圃場で栽培する。苗の所有権はサイゼリヤにあり、農家は栽培を委託される形になる。無償で苗を預けているので、農家の報酬は生産物の販売ではなく、預けた苗を大きく育てる作業の対価となる。

この工場ができる前は、種苗会社などから仕入れた苗を契約農家が栽培していたが、渡される苗の育成状態は相手任せだったのでバラつきがあった。苗にバラつきがあれば、収穫時のバラつきはさらに大きくなる。しかし現在は、苗の状態を揃えて渡すことができるので、栽培も同じ期間でサイズも揃う。バラつきを抑えることができるのだ。

種子の改良は種苗会社と一緒に研究しているが、この育苗工場で実験的な栽培を行ない、品種データを蓄積している。そんな中から生まれたのがサイゼリヤ5号、12号、15号、18号といったPBレタスだ。'09年には種苗会社から採種権も与えられた。固定化した品種から自分たちで種を採り、それで苗を育成して良いという許可である。それだけ種苗会社もサイゼリヤを信用しているわけだ。

以上が、サイゼリヤの関連会社である農業生産法人の白河高原農場が直接運営する農業事業で、いわば直営農場となるが、このほかに先ほど述べた契約農家が野菜で332戸、稲作で114戸(兼業はそれぞれ1戸として計算)ある。彼らが手掛ける稲作エリアは53ha、うち28haで稲作を行なっており、残る15haは減反して大豆や小豆、レタスなどに転換している。これにトマトやイタリア野菜を栽培するビニールハウス(7・2m×45m)が37棟ある。

このビニールハウスの特徴は、ビニールと防虫ネットこそ日本製だが、韓国製資材を活用した完全なサイゼリヤ仕様であること。すべて日本製にすると7・2m×45mのハウス1棟で500万円ほどかかるが、韓国製資材を利用すれば建設費は55万円程度と10分の1で済む。ビニールハウスも店舗と同じように設備だから、投資が下がれば損益分岐点も下がる。1棟あたりの売上げが同じでも、利益は出やすいということになるのだ。

しかも、ここでも品種開発が行なわれている。'05年からスタートしたトマトプロジェクトは、サイゼリヤがキロ200円で購入でき、なおかつ栽培農家の利益が今よりも多くなること、作業が軽減され栽培が容易になること、店舗加工ではなくカミッサリーで一括加工ができる特性を有すること、という3つを目的とした。

その方法がまたサイゼリヤらしい。トマトを栽培する作業で一番、重労働になる部分は何かを探るところからスタートしたのだ。浮び上がった悪玉は誘引作業。トマトはヒモで吊るした状態で栽培し、下の方から収穫していくのだが、終わったら収穫した部分を茎ごと下げて吊り直す。これが誘引作業と呼ばれるものだ。だが、猛暑のビニールハウス内での作業となるため作業者への負担が大きい。

サイゼリヤではこの負担を減らすため、次の実がつく節までの距離、いわゆる節間の短い品種を作った。CR品種というサイゼリヤオリジナル品種で、節間が短いから下げる回数も減り、誘引作業の軽減が実現できるわけだ。さらに、カミッサリーでカットして配送するために、果肉ゼリーが少なくて落ちにくい品種も開発している。

「サイゼリヤの農場」とは、これらをすべてひっくるめたものだ。'10年にはここにアグリ農業技術センターも加わった。やはり白河に開設された同センターでは、土壌および溶液分析、野菜の成分分析、気象データ計測などが行なわれており、分析データを蓄積したら農家に公開し、技術を共有できる仕組みづくりをめざす。

これらは外食業が言う自社農場の次元をはるかに超えている。サイゼリヤが言う農場とは、農産物を作るだけではない。開墾に始まり品種改良に至るまで、農業のほぼすべてを実験・検証・実践する場所なのである。

最初の投資は農機具ではなく〝重機〟

サイゼリヤが福島県西白河郡東村(現白河市)に約12万㎡の工場用地を取得したのは'88年。福島県に目を向けたのは、さまざまな農作物が収穫できる上、首都圏にも近いからである。正垣はイタリアのピエモンテ州のイメージをここに重ねており、用地取得の交渉を開始したときから、周辺の生産者に契約栽培の話を持ち込んだ。

「サイゼリヤを1000店にして野菜の計画生産をするから、うちの野菜を作ってほしいって話したんだけど、誰も信じない。当たり前だよね、まだ18店しかないのに1000店とか言ってるんだから(笑)」

だったら、自分たちで開墾からやって実験農場を作ろう。それを見本にしてもらい、農家の人たちに協力を仰ごうと正垣は考えた。それが白河高原農場となるのだが、そこに至るまでは10年以上の年月を要した。イタリアの生産者たちと同じように、時間をかけて信頼関係を築こうとしたのだ。

東村の村長や生産者たちと常に連絡をとって、自分たちの理念を伝えるだけでなく、米の買い付けを始めたし、災害時には見舞金も出した。じっくりと関係を深めていくうちに、村長や農家のまとめ役などが正垣の理想に賛同、契約栽培を引き受けてくれる農家が徐々に増えていき、'98年に農家が任意団体のサイゼリヤ野菜出荷組合を結成し、念願の契約栽培が開始された。

白河高原の土地を取得できたのも、周辺生産者の下支えがあったからと言っていい。

サイゼリヤが8億円を投じて、白河市に隣接する西郷村に280haの土地を取得したのは'00年のことだ。3月に行なわれた調印式には正垣のほかに、当時まだ味の素に在籍していた堀埜も出席した。

「前年の暮れにスカウトの話をいただいて、新しい環境で大きなチャレンジをしたいとは思っていたのですが、まだ踏ん切りがついていなかった。そんなときに、山を買うから来いって呼び出されたんです。調印式の前に『この山だ』と教えてもらったのですが、雪だらけでどんなものかもわからなかった。調印式には、農家をはじめ白河の関係者が揃っていたのですが、会長は私のことを『農業のプロだから』って紹介するんですよ。そう言われたら違うなんて言えないし、サイゼリヤに入るしかなくなるじゃないですか。こりゃ、はめられたなと思いましたね。そういう人間が、この会社にどれだけいることか(笑)」

農場の立ち上げは、サイゼリヤに入社して生鮮担当マーチャンダイザーに就任した堀埜がリーダーとなり、前出の矢作らの素人集団で行なった。最初の投資は農機具ではなく、岩を砕くストーンクラッシャーやユンボ、ブルドーザーなどの重機類。6000万円のストーンクラッシャーは日本にも数台しかない機械であり、これらを使って山を均し、畑や道路を造った。まさしく開墾であった。

だが、畑ができてからも大変だったと堀埜は苦笑する。

「畑は、測量してミリ単位の傾斜を作ったけど大雨で全部流れました。それで水路を作って、今度は大丈夫だと思ったら台風で作物が吹き飛ぶ。かと思うと干ばつも来たし、カラスとの戦いもあった。これらが全部、初年度に起こったから収量なんてごくわずか。2年目は1週間で前年の生産量を抜いたくらいですよ。でも、それで農業をなめちゃって、また痛い目に遭うの繰り返し。農業生産法人として白河高原農場を立ち上げていたけど、ずっと赤字続き。何とかしのいできましたが、危なくなったことも3回あったし、本当に突っ込めるだけ突っ込んで、近年、ようやく形になってきたかな、と」

正垣も、農業は金食い虫だと何度も話している。

「僕らも土地に農機具、人件費と相当注ぎ込んできたけど、財団を作る代わりだと思っている

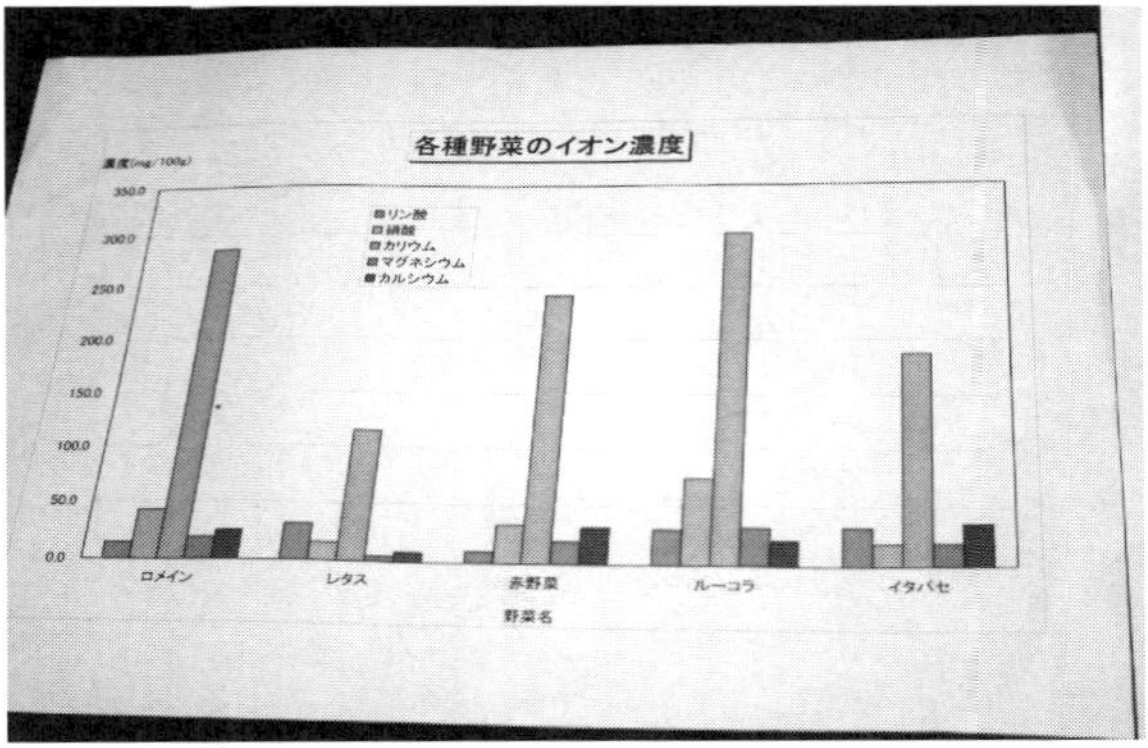

徹底して細かい基礎データを取り、蓄積していく。あらゆる部分で実験、検証、実践を繰り返し、農場現場に分析値をフィードバック

から。すぐにリターンがあるわけでもないし、農業はビジネスにはならないよ。土が強くなれば病気になりにくくなるから。利益が出ることもあるけれど、そういう土地に仕上がるまでは、投資を続けなければならない」(フードビズ24号／'06年)

たしかに自然を相手にする農業は、不確定要素だらけと言っていい。いくら対策・対応といっても年に1回しか収穫できない作物は、1年にひとつの答えしか得られない。10年かけてもデータは10件しか集めることができないのだ。

白河高原農場は'08年、初めてレタス単体で黒字を計上した。だが、'09年は8月、9月が低調でまた落ち込んだという。農業とはこの出来、不出来

の波に長年かけて忍耐強く取り組んでいくしかないのである。

生産性を高め社会貢献につながる農業に

それにしても、サイゼリヤがそこまでして農業に取り組む意味はどこにあるのか。正垣はこう言う。

「農業を改革するためだよ。これができるのはチェーンストアだけだと思っているから。農業生産者ってどこかの産地が災害で全滅すると、自分の作物が高く売れると喜ぶし、豊作だとこっちの実入りが減るからと、そうならないように祈る。今の農業のような見込み生産だと、誰かが困ると誰かが喜ぶという仕組みになっているんだ。そんなのおかしいじゃない。豊作は生産者も消費者も一緒になって喜んだほうがいいに決まってるよ」

サイゼリヤの提案する農業は、店舗で必要な分だけを生産してもらうという計画生産。あらかじめ必要な量を決めておき、出荷時期にその量になるように栽培するというものだ。育苗工場はそのようなコントロールを可能とするためにある。

量をサイゼリヤ側で決めているのだから当然、収穫した全量はサイゼリヤで買い上げる。栽培委託料は過去の中央卸売市場の季節ごとの平均価格を基に設定するから、市場価格のように豊作や凶作で変動することはない。ギャンブルのような見込み生産とは異なり、安定的な収入を得ることができるわけだ。

しかも、サイゼリヤの野菜はカミッサリーで加工するため、市場流通の際には不可避だった規格分類のための仕分け、プリパッケージ、段ボール詰めといった作業は必要ない。包材費と人件費は農家持ち、その分、粗利は高くなる。

作業が減って楽になり、収入が増える。これはサイゼリヤが店舗展開を通じて行なってきたことと同じだ。正垣が言うチェーンストアだけができる農業の改革とは、このことを意味する。

キーワードは、やはり人時生産性である。前出・矢作は畑の設計も生産性を優先したと説明する。

「レタスを出荷するまでの間で一番人件費がかかるのが収穫。ということは、収穫作業を効率化すれば生産性は上がります。うちの畑は、栽培面積を犠牲にしてもキャタピラ車で縦横に搬送できるよう通路を設けていますし、集荷後の計量もコンテナボックスごと量れるようになっています。もうひとつ大切なのは、稼働計画表を作ること。収穫は1時間あたり何ケース集荷できるかを考えて人を集めるわけですから、稼働計画は絶対に必要。まず1年間の計画を作成してトラクターなどの配車を決め、それから月次、週次、日次の計画に落としていくことになります。もちろん、これは天候次第で変わってしまうのですが、だからといって計画を作らないと、きちんとコントロールできているのかわからなくなりますから」

白河高原農場では、社員、アルバイトとも、その日1日で行なったすべての作業を日報としてまとめ、提出することを義務づけている。これにより、誰が何の作業を、何を使って、何時間行なったのかを把握することができる。つまり、圃場ごとの人時生産性が算出できるし、どの作業を改善すればいいのかも明らかになるわけだ。

試験的に導入した牛の品種を決めたのも、実は生産性が物差しになっている。自社で畜産を行なう場合、価格が安くて品質の良い飼料は牧草という結論になったが、牧草を刈り集め、餌として与えるのでは人時がかかってしまう。だったら、家畜が自分で牧草を食べてくれる放牧が一番生産性が高くなる。放牧に適した品種は何かということで、日本短角牛とジャージー牛に決定したのである。

農業においても、人時生産性を追求していけば、産業化につながるというのがサイゼリヤの仮説であり、他産業並みの給料を支払えるようにすることが、魅力的な農業への第一歩だと確信している。

当然、めざすところも、サイゼリヤと同じく社会貢献ということになるのだが、これはすでにスタートしている。UAE(アラブ首長国連邦)の砂漠に野菜工場を建設する事業に協力しているのだ。

ひょんなことから国王の甥に正垣が頼まれ、矢作が担当したのだが、暑さに強い品種を持ち込み、水耕と砂耕の両方で野菜栽培の実験を行なっている。実用化されれば、これまで高価で手の出なかった新鮮野菜を庶民が食べられるようになるかもしれない。次章で述べるサイゼリヤの企業理念に近づいていくわけだ。

もうひとつ、今般の東日本大震災を契機に、新たにスタートしたのが仙台市若林区でのトマトの栽培である。津波による塩害を受けた水田2haを白河高原農場が借り受け、サイゼリヤの出資により、トマト水耕栽培用のビニールハウスを整備した。ここをトマトの一大産地に育てていくというのである。

「野菜づくりはヘタだけど、ハウスを造るのは得意ですから(笑)。これまでトマトの大産地といえば福島県いわき市でしたが、地震や原発の問題で従来のように生産できるか今後はわからない。新天地でやってみたいという技術者もたくさんいるだろうから、声をかけて、一緒にやっていきたいですね」

と、堀埜は語る。これは、被災地に対する単純な支援ではなく、ビジネスを持ち込むことで雇用の創出や納税などを継続的に行なおうというサイゼリヤらしい考え方だ。白河の山の中、また、UAEの砂漠で鍛えられた技術が、被災地で生かされ、実を結ぶことを願いたい。

第5章

経営理念と哲学

会社経営は改善、改善の連続で成り立つ

経営管理では日本一の折り紙つき

サイゼリヤで驚くのは、社員がみんな正垣のことをうれしそうに語る点だ。けっこう痛い目にあっているはずなのに、「参っちゃいましたよ」と笑っているのである。

現場でも、正垣の話で笑顔になる社員は多い。幹部クラスから一般社員まで、これほど慕われ、好かれている外食業の経営者は見たことがない。組織が小さいうちは、それこそ家族のような結束を持っていたのに、規模が大きくなるにつれて経営者は会社のことしか考えなくなり、社員は大会社であることだけで満足している。そんな会社がほとんどであった。

だから、これだけの規模になりながら、常に正垣の存在を感じさせるサイゼリヤを見て、「宗教が入ってるんじゃないの」という噂があったのも事実だ。店が忙しいだけでなく、農業の改革などという大変な課題にも取り組んでいる。なのに、みんなが喜んで働いているところに、正垣を教祖とする宗教の図式を描いたのであろう。

「あはは、会長は教祖なんかじゃないですよ」

白河高原農場の矢作は笑いながら、サイゼリヤ宗教説を否定する。

「宗教というのなら、チェーンストア教というのが正解。教祖は渥美先生で、会長はその熱心な信者だし、サイゼリヤの社員や我々もみな信者ですから」

サイゼリヤの経営は、矢作が言うようにチェーンストア理論に基づいた科学的経営にほかならない。渥美俊一が'62年にチェーンストア産業づくりの研究母体として『ペガサスクラブ』を組織したときから提唱してきた経営手法である。したがって、サイゼリヤの経営ノウハウを知りたいというのであれば、チェーンストア理論を学べばいい。そこにすべて記されている。秘密などない。

だが、すかいらーくや吉野家などチェーン展開する外食企業の多くも、サイゼリヤ同様ペガサスクラブの会員であり、渥美らの指導を受けてきた。なのに、サイゼリヤはそれらの企業とは明らかに異なる。同じようにチェーンストア理論を学んでいながら、どうしてこれだけの違いが生じるのか。

その点にこそ、サイゼリヤの経営の特徴があると言っていい。

学生時代に店を始めるにあたって正垣は、渥美らの経営書を読んでいたから、チェーンストアについての知識は最初からあった。正垣は人と争うことを善しとせず、近所にとんかつ屋ができたとき、人気メニューだったかつも外したほどだ。それだけに、それぞれが他社のやっていないことを追求することで共存共栄を実現し、選択の幅の広い豊かな社会をめざすチェーンストア理論は、自分の考え方に共通すると感じていたようだ。

イタリア料理でチェーン化することを決意したのも、イタリアの食文化に魅せられたこともあるが、他に取り組んでいる企業はなく、当時、新興著しかったファミレスとも競争しなくて済むと考えたからだ。

「渥美先生の言っていることはわかるし、調査の手法にも感心するんだけど、ペガサスクラブはアメリカ一辺倒だったから、ヨーロッパに目を向けている自分たちとはちょっと違うかなと思ってた。そもそも僕は、コンサルタントの話を聞こうなんて考えたことはなかったからね」

だが、1号店の時からの常連客がたまたまペガサスクラブの会員だったことが縁で入会、すぐに渥美に惚れ込んだ。物理を学んだ身からすると、話が論理的でわかりやすかったこともあるが、「ビジネスは人々に貢献し、世の中を豊かにするためにある」というロマンに共感したのだという。

「渥美先生との一番の思い出は、僕が43歳のときにエーゲ海クルーズに連れていってくださったこと。船だからずっと先生と一緒なんだけど、43歳はターニングポイントなんだぞと言われた。43歳で種を蒔き、ずっと精進し続ければ10年後に花開く。43歳のときに何をするかが大事なんだとアドバイスしてくれた。そのときはよくわからなかったけど、ホントに50いくつで上場という花が咲いたわけだから、先生の言う通りだったね」

渥美はサイゼリヤを高く評価していた。それは同社が、経営管理上の課題に真正面から挑戦し続けているからだ。

「経営管理の仕組みに関する関所には何度も突き当たったが、うまくいかないのは方法が間違っているからだと考え、手術を施すという取り組みを一貫して行なってきた。同じテーマにここまで取り組んでいる会社はほかにない」

と、外食の会員だけでなく、ペガサスの全会員を見渡してもそうなのだと渥美は断言した。

渥美はサイゼリヤがマネジメントで行き詰まっていた時期のことを話してくれた。'05年から'06年にかけてのことだ。

「苦心して取り組んで、これで問題解決だと思ったことが、実は次の障害になるということの繰り返しだった」(渥美)

正垣が言うには、それは標準化のむずかしさだったのだそうだ。ある時点で標準化できたと思っても、それはその時点における適切な標準化にすぎず、規模が変われば標準も変わる。過去にとらわれていると逆に標準化ができなくなる、という障害にとらわれていたのだ。だが、サイゼリヤは何度も同じ障害に突き当たったことで、経営とは会社のスタンダードや仕組みを革新し続けることだと理解し、次のステップに進むことができた。

「ビッグストアをはじめとして日本のチェーンストアは、経営改革の失敗により経営管理の継続性が断たれているところがほとんどと言っていい。要するに、中身は変わってしまっているのだ。しかし、サイゼリヤは経営管理の課題をしっかり継続している。店数や売上げではまだ上がいるけれど、こと経営管理に関しては日本一のチェーンストアだ」

長年、チェーンストアを指導してきた人間ならではの視点で、渥美はサイゼリヤをそのように評価していたのだ。

『改善の継続＝経営』を知っている会社

チェーンストアのトップは、大衆の日常の暮らしを豊かにすることを願い、大衆の幸せを自らの最大の喜びにするビジネスを心がけてきた。すなわち、チェーンストアとはイデオロギーそのものなのである。

だが、多くの場合、そのイデオロギーは挫折する。原因は大きく2つある。ひとつは技術的に挫折することであり、もうひとつは、最初は社会貢献に全身全霊を傾けていたトップの心に、いつの間にか欲が生まれ、本音が金儲けに変わってしまうことだ。

サイゼリヤは、技術的な壁に突き当たっても、そこから逃げることなく、コツコツと自らの技術を高めることで乗り越えてきたが、それを嫌って逃げる企業もある、と渥美は指摘する。

「例えば200店突破のための関門としてマス・ストアオペレーションの課題が待ち受けるなど、チェーン化の過程では、なかなか数字が実らない時期もある。どの対策でもうまくいかないジリ貧状態に陥ると、たいていそこで挫折する。チェーン化と相反する乗り物に乗り換えるとか、あの手この手に走る」

要するに、多角化戦略や新業態戦略である。外食チェーンの場合は大体、後者だ。

「消費者のニーズが多様化し、既存の業態では捕捉し切れなくなった」「新たなマーケットを開拓するには、新しい業態が必要」

新業態の開発についてのトップの弁明は大体、こうである。数え切れないくらい聞いてきたし、当時はそういうものかと受け止めていた。

だが、サイゼリヤの取材をするようになってから、疑問を感じるようになった。本当に既存業態ではニーズの多様化に対応できなかったのか。新しいマーケットは捕捉できなかったのか。できなかったはずはないのである。見てくれのいい新業態なんぞには目もくれず、バカのひとつ覚えのように、ひとつの業態に集中してきたサイゼリヤは、いまもお客の支持を受けて成長し続けているのだから。商品構成だってほとんど変わっていない。だが、品質と価格を追求していくことで、ニーズの多様化など軽く乗り越えられる価値を築くことができるのだ。本来なすべき努力を放棄して、安易に新業態に手を出すから、渥美に「あの手この手」と切り捨てられるのだ。

そもそも、同じ会社のすることだから、既存業態で乗り越えられなかった壁を、新業態が乗り越えられるはずはない。多くの場合は再び挫折し、またぞろ新業態開発に逃げるという泥沼に踏み込んでいくことになる。

なぜサイゼリヤは逃げないのか。渥美はこう説明する。

「あらゆる経営効率、そしてその裏表となるお客の評価は、すべて経営の仕組みの結果である、ということを理解しているからだ。数字が思うように伸びなかったり、客数が減っているのは、仕組みが間違っているからであり、常に反省し続けなければならない」

正垣の場合、その反省力がずば抜けているという。渥美も最初はサイゼリヤのことを一般外食企業と同じではないかと考え、正垣には厳しく接した。ときには、他の企業には言わないような厳しい叱責もしたという。

「うなだれながらノートをとり続けるだけで反論しなかった。ずいぶんとしょげきって帰っていったから、退会してしまうかなと思っていたが、2、3ヵ月経つと対策を書類にして持ってきた。その繰り返しだった」

正垣は渥美の言葉を一言一句漏らさず、それこそ叱責する言葉まできちんとノートに記していたという。叱責に対しては反論しなかったが、納得しにくい事柄については、質問も欠かさなかった。

経営とは、つまるところ改善の継続である。商品問題や人材問題、財務問題など、ビジネスを遂行する過程で生じる問題の原因は、どこにあるのかを見極め、仮説を立てて改善策を講じる。うまくいかない場合は、なぜうまくいかなかったのかを追求し、その反省を基に新たな改善策を考え、解決を図る。その繰り返しを経営と呼ぶのである。

「サイゼリヤは、インダストリアリズム（産業主義）、インダストリアル・エンジニアリング（経営工学）、スタンダーディゼーション（標準化）を手段に、経営管理に挑戦し続けた。その結果として、チェーンストアだけができるマス・マーチャンダイジングに近づくことができた」

チェーンストアの原理原則にひたすら忠実であること。渥美はそこを高く評価したのだ。

企業理念があるから迷わない

サイゼリヤがチェーンストア理論の熱心な信奉者になったのは、自分たちの企業理念を徹底するためには、これがもっとも効率のいい手段だったからである。

企業理念とは、簡単に言うと「会社は何のためにあるのか」とか「自分たちは何のために働くのか」を明文化したもので、その天辺にあるのは社会貢献である。自分たちはどういう形で社会貢献するのかを宣言したものが企業理念、ということもできる。

サイゼリヤの企業理念は、経営理念である『日々の価値ある食事の提案と挑戦』および基本理念の『人のため・正しく・仲良く』から成る（’11年7月25日改定）。

正垣はイタリアで〝La Buona Tavola〟（ラ　ボーナ　タヴォーラ＝おいしく食べること）が人々の幸せを生むということを体験し、これをみんなにも知ってもらいたいと考えた。つまり、おいしいものをより多くの人に食べてもらい、喜んでもらうために働くことが、サイゼリヤなりの社会貢献であると決めたのだ。

ただし、みんなに食べてもらえるようになるための道程や努力は、お客や働く仲間のためになるものでなければならないし、法に触れることはもちろん、人間のあるべき姿から外れるようなものであってはならない。さらに、誰かを傷つけるようなものであってはならない。それを言葉にしたものが、サイゼリヤの理念なのである。

正垣はこう語る。

「ビジネスは何のためにあるのかということもずっと考えていたんだけど、あるときに気付いた。自分たちが幸せな人生を送るための道具としてあるんじゃないかって。僕らにとって何が幸せかっていったら、みんなに喜んでもらうこと。要するに、人に喜んでもらうことを徹底していけば、自分たちは幸せになれると思っているの。それが基本理念『人のため・正しく・仲良く』ってことになるんだけど、ビジネスはそれを徹底させるためのものなんだ。ビジネスってのはわかりやすくて、原理原則から外れちゃえば結果は悪くなるし、自分の考えを改めていい方向に向かえば、みんなが喜ぶいい結果を得ることができる。宗教なんかよりよっぽどわかりやすいんだよ。ならば、ビジネスを通して自分たちは、より正しく、より仲良く、より社会貢献できるようになれるんじゃないかと考えた。我々の理念の徹底度を増すことが、サイゼリヤのビジネスの目的なんだと思ってる。自分もそうだけど、人間ってなかなか正しく生きられないんだよね。だから、ビジネスを通じて正しく生きているかを常に考えていくことが大事になってくる。ビジネスを道具にして自分を鍛えていきたい、というのが我々の考え方なんだ」

「より多くの人々に」という抽象的概念を具体的な数値目標に置き換えたのが、サイゼリヤの掲げる「世界70億人の人たちに食事をしてもらう」というビジョンだ。70億人に食べてもらうためには、国境や民族を超えて支持されるだけの品質を、貧しい地域の人々でも購入できる価格で提供できるようにならなければならない。

それが可能なのは、いまのところマス・マーチャンダイジング・システムづくりを手段とするチェーンストア経営しかない。経営理念の徹底を図ろうとすれば、チェーンストアの原理原則に忠実にならざるを得ないのだ。そうでなかったところは行き詰まる。これは経験法則上からも明らかなのである。

だから、サイゼリヤの経営には迷いがない。何かあったら原理原則に戻ればいいとみんなが理解しているのだ。

例えば、チェーンストアでは繁盛店を求めない。そこそこの売上げでも利益が出せるところがチェーンストアの真骨頂なのだが、日本ではどうもそれが評価されない。売上げ至上の考え方をぬぐいきれないようだ。月６００万円で必要な利益は確保できるのに、７００万円とか８００万円の売上げを上げる店長を「優秀」と評価したり、「ドル箱店」と呼んだりするのも、そのような考え方が根底にあるからだ。

気持ちはわかる。予算を上回る売上げがあれば、素直にうれしいと感じる。自分たちの努力が実ったという達成感も大きい。それが人間の心理だ。仮にこの売上げは望ましくないと思っていても、声には出しにくい。売れていると文句が出なくなるのだ。

だが、それを放置しておくと、いつの間にか社員はこうした店舗、店長をモデルと捉えるようになる。もともと６００万円で収益構造を組み立てているのだから、どこかで無理をしなければそれ以上の売上げをとることはむずかしい。その無理からオペレーションがほころびていくのである。

サイゼリヤにはそれがない。繁盛店はいい店ではなく、原理原則から外れた店として改善すべき対象と考え、早急に近隣に出店して、集中したお客を分散させるなどで売上げを抑えようとする。

必要なのは繁盛店ではなく、「売れなくても利益の出る仕組み」であり、そうでなければマーケットボリュームが小さいところには出店できない。それでは自分たちが掲げる理念に近づくことができない、ということを理解しているからだ。

以上は一例にすぎないが、サイゼリヤの経済活動は、このようにすべて経営理念に基づいてのものだ。理念の経営というと、何となく情緒的な印象を受けるが、要するに社会貢献という目的地に向けての羅針盤、今風に言えばカーナビだと考えればいい。自分たちが正しい方向を向いているか否かは、経営理念+基本理念=(企業)理念に照らせばすぐにわかるのだ。

大量出店の弊害で理念継承の大切さを痛感

堀埜一成は'08年に社長に就任したとき、正垣がしっかりと企業理念を根付かせてきたことを改めて実感したという。

「800店以上の店数があって、しかもテーブルサービス業態でこれだけ考え方が浸透しているのはすごいこと」

もちろん、ここまで至るのは簡単ではなかった。規模が小さいうちはまだよかった。正垣は43歳になるまで現場に立っていたから、今の取締役部長クラスは直接、正垣の考え方を受け継いでいる。例えば、前出・松谷はこう振り返る。

「会長と一緒にホールに出たりすると、合間合間に食の豊かさとは何か、社会貢献するためにはどうあらねばならないのか、といった話をずっとしているんです。最初は『本当ですか』という感じで聞いていたのですが、だんだん自分の考えは小さいな、と。実は経営のことをある程度覚えたら独立しようと思っていたのですが、そう考えている自分が小さく感じられるようになったんです。そこからはもう迷いませんでしたね」

正垣が描いた理念は、人としてあるべき姿を説いているのだから迷いがない。それも建前で言っているのではなく、本気でそう考えていることが、一緒に働けば働くほどわかってきた、と松谷はいう。だから、同じように理念が身体に染み込んでいるのだ。

だが、正垣が社長業に専念し、会社の規模が拡大してくると、こうした直接的な形での理念の伝承はできなくなる。とくに年間１００店舗という猛烈な勢いで出店した２０００年代前半、組織の問題もあって理念が薄れてしまった。そのときの状況を、正垣はこんなふうに語っている。

「理念は変わっていないけど、店数を増やすときに薄れてしまった。何でかというと、商品のクオリティが他所よりも多少高くて、お客さんがたくさん来てくれたから。だんだん、客数をさばくだけになっていた。

僕はお客さんに喜んでもらうためにやるのが当たり前になっているから、みんなもそうだろうと思い込んでいた。だから、伝える仕組みを考えていなかった。僕らが生産性を追求したのも、実は理念のためだったのに、それを現場で伝えられる人がいなくなり、目先の生産性に縛られるようになった」(フードビズ24号／'06年)

いろいろ教えてきたのに、一番大事なところを教え忘れたことを猛反省した正垣は、これまで以上に理念を伝えることに力を注ぐようになった。再び松谷に話を聞こう。

「会長がいつも口にするのは、『理念はとにかく言い続けろ、犬猫にでも言え』。たしかに人間は弱いところがあるから、人に言い続けていないと、自分自身がブレてしまう。ですから、私も部下に『言い続けろ』と指導しています」

会長に就任以降、正垣は、いっそう理念教育に力を入れている。年間11回のペースで行なわれる地区別(5ゾーン)の会議や店長会議には欠かさず出席し、自分たちは何のためにビジネスを行なうのかという話をするのだ。これは堀埜のたっての要望であった。

「自分たちも言葉としては言えますが、本当の理念教育は創業オーナーしかできない。だから、会長のストーリーで理念を伝えてほしいとお願いしました。新業態を担当する若いチームを会長に預けたのも、会長と一緒に働いたという人間を30代前半に1グループ作りたかったから。いまの取締役部長たちと同じように、会長と一緒にやったという経験を積ませることで理念部隊に育てたいんです」(堀埜)

理念とは頭だけでは理解できないものなのだろう。正垣は現場で働き続けるなかで理念を描いたし、理念を徹底させる手段としてチェーンストア理論を本格的に学び出したときも、まだ厨房やホールに立っていた。現在の幹部クラスもまた、現場で働く正垣の横で理念を身体に染み込ませた。

正垣は身体で覚えないと、考え方は身に付かないと繰り返す。

「学ぶことと行動は両輪。どちらが欠けてもダメなんだ。頭の中だけで考えていると、やったつもりになるし、できてる気にもなっちゃうんだね。現場にいると、身を挺さないとお客さんは喜ばないっていうことが嫌でも身に染みてくるけど、こういう体験が大事なんだ」(正垣)

失敗も経験。世の中に無駄なものはない

正垣のインタビューでよく出てくるのは、人間の弱さに対する言及だ。人間だからすぐに疲れる、人間だから欲が出るといった表現を随所に挟んでいる。

だが、その弱さを切り捨てるような発言はいっさいない。生産性を追求する理由のひとつが、不器用な従業員でも困らないようにという配慮だったように、人間とはそういうものなのだから、なんとか仕組みでカバーできないかと正垣は発想するのである。

「考えてることの51%でもできればもう上出来。60%までいったら、それは神の領域。それを前提にして、仕組みを考えなければならない」

人間は弱いし、時として誤ることもあるという前提に立っているから、失敗も想定の範囲内だ。というか、新たに挑戦することに関しては、どんどん失敗すればいいとも正垣は言う。ファストフードに挑戦するときも、店ができる前から「失敗する」と言っていたくらいだ。

「失敗なんていっぱいあるよ。経営していれば、そういうことはいくらでも起こる。でも、失敗したら失敗したで、何で失敗したかを考えればいいだけ。それをどう克服していくかと考えるのが楽しいんだ。出店にしても、僕は悪い立地でもいいと思っていたからね。人がまったくいないところに出すわけじゃないんだから、お客さんが来ないのはサイゼリヤに値打ちがないというだけのこと。来てもらえるように商品を見直せばいいし、いろいろな実験もできるから、むしろいいじゃないか。世の中に無駄なものはないんだよ」

もちろん、失敗には金銭的なダメージをともなうケースも多いから、会社そのものを強くしておかねばならない。これはイタリア料理の提供による社会貢献を決意し、多店化に向けて会社を興したときからめざしていたことだった。

当時、正垣が疑問だったのは、飲食ビジネスの利益率の低さである。その頃の銀行金利より低い利益率なら、預金したほうがマシなのに、なぜみんな飲食店をやるのか。

「不思議でしょうがなかった。それで調べてみたら、脱税で成り立っていたんだよ。なまじ利益が出ると税金として持っていかれちゃう。だから、自分の車を買うのも経費化して利益を抑えていたんだ。でも、そんなことをしていたら会社は大きくならないし、人も育たない。ちゃんと利益があってこそ、教育費を注ぎ込むことができるわけだからね。よし、だったら、税金をたくさん納められるような会社にしようと思ったんだ」

その言葉通りサイゼリヤは、生産性の追求による収益性の高い企業に成長しながら内部投資を続けた。平成22年8月期の連結決算では、総資産741億200万円に対して純資産539億600万円、自己資本比率は前年同期から3・6ポイント上昇して72・7%と一部上場企業の中では最高の数字をあげている。

だから、第7章で後述するデリバティブで170億円の損失に遭っても、サイゼリヤはびくともしなかった。そのくらいの失敗でも屋台骨が揺るがないだけの強さを備えているのだ。

もうひとつ、サイゼリヤが継続してきたのは、優秀な人材を採用することだった。初期段階から千葉大を中心に理系の学生を意識的に採用してきたし、'94年からは新卒の定期採用を開始。毎年、何万人もの応募があり、入社できるのはその中から選ばれた人間だけだ。

なぜ理系を中心にしたのかと言えば、これまで述べてきたようにサイゼリヤでは、科学的な方法論をもって生産性を上げ、社会に貢献しようと考えているためだ。それには、科学的思考能力の高い人間が欠かせなかった。正垣は月刊食堂『サイゼリヤ革命』のなかで、次のように述べている。

「科学的思考能力のある人間を採用するのは、ひとつには彼らの能力の高さゆえ、ポカを起こす確率が少なくなる、つまり生産性が高くなるからなのだが、もうひとつには、彼らが通常のオペレーション上で改善すべき点を発見した場合、それを数字に置き換えることができるという点が大きい。数字に置き換えるとは、標準化ができるということ。明確な指標が数字としてあれば、数値の変動により問題点の発見なども容易になり、改善の効果も明らかになる」

渥美は、これがサイゼリヤのもうひとつの特徴である「人間主義の経営」なのだと語り、次のように話している。

「経営とは経営管理であり、経営管理は人が行なう。経営とはすなわち人なのだ。したがって、よい人材を集めることが重要になってくるし、経営者はそのことを365日考え続けなければならない。サイゼリヤは初期から千葉大の学生を採用し、実際にイタリアに連れて行き、自分たちが提案したい食文化を体験させるなど、育てる努力を続けてきた。彼らが現在のサイゼリヤの中心になっているということは、他の外食業に比べて待遇がはるかによかったということもあるだろうが、働き続けるに足る素晴らしい職場環境を作ってきたからだろう。もちろん、途中いろいろあったが、順調に人づくりも進み、外食業のチェーンストアとしては今や日本一の人材の宝庫といっていい。スカウトするならサイゼリヤの人材を狙うべき」

これもまた税金をたくさん納めながら、人材に投資し続けた成果なのである。

プロパーの育成とスカウトで組織づくり

正垣は「人間はひとりとして同じでないから面白い」という言い方をする。教育訓練で同じ考え、同じ能力の集団を作る気はさらさらない。

「もともとみんな違うんだから、まとまらないのが自然。それをまとめようとするから、おかしくなるんだ。それに、人間が集まって何かをしようというとき、それぞれの違う考え方、得意なところを活かすように組み合わせると、同じ考え方しかしない集団の何倍もの力を発揮することがある。これが分業だよね。分業すればすごい力になるということがわかってから、チェーンストアの組織論に興味を持つようになったんだ。ただ、図式に書くのは簡単だけど、分業する人を育てるには時間がかかる。上に立つ人間が現場の作業をマスターしていないと、組織は正常に動かないからね」

プロパーが経験を積んでスペシャリストに成長するまでには20年くらいかかるが、そのプロパーを揃えるまでにも時間がかかった。多店化を決意して会社を設立してから、新卒の定期採用を始めるまで10年以上の歳月を要したからだ。

実際、正垣が目標としたチェーンストアの組織がようやく形になったのは'07年3月。創業から43年、法人化から34年後のことだ。プロパーのスペシャリストが60人育ったことで、やっと外食業の産業化に向けた組織づくりに取りかかれるようになったのである。

チェーンストアの組織とは、トップマネジメント、スペシャリスト、ワーカーという3つの階層と、オペレーションライン、クリエイティブライン、ラインスタッフ、サービス、スタッフの5つの職能に分かれ、それぞれのトップは請け負った業務に対する責任と義務を持つ数値責任制に基づいた分業である。

ちなみに数値責任とは、売上げをアップすることに対して責任を持つことではなく、あるべき数値に向けてコントロールすることだ。店舗でいえば売上げをアップさせるのではなく、作業を改善することでコストをコントロールし、必要な営業利益を確保することが店長の数値責任となる。

数値責任制による分業では、目標数値を出しておけば組織は自然と正しい方向に動いていくという。生産性や利益も増えていくわけで、結果としてサイゼリヤがめざす社会貢献に近づいていけるというわけだ。

プロパーを育てると同時に、スカウトも積極的に行なってきた。サイゼリヤのスカウトの特徴は、メーカーの生産管理技術者を集めている点にあり、外食業が行なっているような同業他社からのスカウトはいっさいしない。これは正垣の信念によるもので、外食が真の産業になるためには、超一流の人材を集めなければならないと考えているからだ。

「地球規模で人類に貢献していくためには、とにかく優秀な人材、それこそ日本一、世界一の人材を集めたい。日本一の人材がいれば日本一に、世界一の人材がいれば世界一になれると思ってる」

スカウトのやり方も独特だ。正垣自身が先方の会社の社長に「この人をください」とか「このジャンルでもっとも優秀な人をください」と直接アプローチしていたのだ。

「そもそも企業、とくに大企業のトップというものは、単に商売をしているだけでなく、社会的な使命を強く意識しているもの。だから、僕がほしいという人間の力がサイゼリヤに入ることで充分に発揮でき、その結果、大きな社会貢献につながると思えば、自社にとって重要な人材を手放す決断をくだすこともある。もちろん、彼らにそうした決断をさせるだけのロマンとビジョンがこちらになければならないし、それを裏付けるだけの実績と実力を備えなければならないけどね」

自分自身、味の素からスカウトされた堀埜も、社長に就任するとすぐにスカウトに取り組んだ。'10年から新工場建設などのプロジェクトをスタートさせるためだ。それらの中核となる人材もまた、大手メーカー出身の技術者だが、これまでのように食品メーカーの生産管理技術者に集中するのではなく、研究職、機械設計者、精密機器メーカーのプロダクトマネジャーなどにも広がっている。

余談ながら、スカウト人事はプロパーとの間にギクシャクした関係を生みやすいと言われている。だが、サイゼリヤにおいてそれはない。というのもプロパーに理念が染み込んでいるからだ。スカウトは自分たちの会社に足りないところがあるから行なわれるわけで、必要なところに必要な力を持った人材が配されることが、理念に近づく道だとわかっている。だから、ギクシャクなどしていられない。むしろスペシャリストの技術や知識を学べる機会が来たことを喜んでいるのである。

チェーンストアとしての本格的な組織ができれば、あとは人を育てるだけと正垣は言う。

「経営戦略がどうの、商品がどうのというけれど、それを決めるのは人間だからね。組織が優れた人間をつくる機会とシステムを持っていれば、継続的に人材が輩出されるわけだから、長期計画も達成できる」

すなわち、おいしい食事を提供することで、より多くの人に喜んでもらうことができるというわけである。

第6章

サイゼリヤ誕生

こいつに商売させたら
絶対、成功する!!

アルバイト時代から商才を発揮

よく知られているように、正垣は東京理科大学4年生のときにサイゼリヤを創業した。在学中に開業するとは、よほどレストランがやりたかったようにも思われるが、実際は店をやらざるを得ない状況に追い込まれたから、というのが正しい。

大学時代、正垣はアルバイトに明け暮れていた。おもしろそうな仕事があれば何でも経験したいという思いが強く、かつての新宿・淀橋の青果市場で仲買の手伝いをしたときには、得意先の八百屋に出向いてスイカやバナナの叩き売りをしたという。

その八百屋にとっては記録的な売上げをあげたこともあり、仲買のおやじからは「お前は商売やったらうまくいく」と太鼓判を押されたこともあった。

大学2年の夏には、千葉県内のレジャー施設でパーティを開催するというイベントに企画から参加し、運営まで任されたこともある。

「バンドを入れてゴーゴーパーティをやるんだけど、参加者に飯を食わせなきゃなんない。昼飯はカレーとかでいいけど、夜はいちいち作ってられないからバーベキューセンターを設けて、鶏肉や野菜を焼けばいいやと考えた。だけど、これが大変だった。安くすれば集まるだろうと踏んでパー券(パーティ券)を出したら、2000人くらい集まっちゃった。生きてる鶏を100羽くらいさばいたし、羽根を処理するために穴を掘ったりでもうくたくた。飲みもの出すのも大変だから、ドリンクバーみたいなものも作ったと思う。とにかく働くことの苦しさや食べもの屋の大変さをここで味わったね」

準備の段階から寝る暇もないくらい忙しかったから、イベント終了後、正垣ともう1人で売上げ金を数えるのだが、何度繰り返しても2人の金額が合わない。疲れ切って途中で意識を失ったりしていたからだ。そのうち2人とも眠ってしまったのだが、その隙に泥棒が入り、売上げを全部盗まれてしまったという。

イベントとしては成功したが利益はパー。それどころか、経費は持ち出しだから、スポンサーに大迷惑をかけたことになる。が、それでもスポンサーから「こいつに商売させたら絶対成功する」という言葉をもらったことは、「今でも忘れない」と正垣は懐かしそうに振り返る。

お前についていくから店をやってくれ!!

学生時代に早くも商売に対するセンスを発揮する、正垣のこの異才を認めたのは、仲買のおやじとイベントスポンサーだけではない。その頃、新宿にあった『渋谷食堂』の料理長や従業員たちも同様であり、これがサイゼリヤ創業の直接のきっかけとなった。

新宿三越前にあった『渋谷食堂』は、『三平食堂』とともに新宿の人々に愛された大衆食堂だった。この通称「渋食」でのアルバイトは、正垣が大学3年になってから始めた。とくに狙いがあったわけではなく、いろいろな仕事を経験したいということから選んだ。

ただ、面接のときに「うちはきついし、時給もここでは言えないくらい安い。続いたヤツはいないけどやるのか」と言われ俄然、興味が湧いたという。

「とくに皿洗いが大変だっていうから、それをやらせてくれと言ったの。そしたら4階のお好み食堂が人手不足なのでそこに入れと。ここにはくせ者のおばちゃんが2人いて、意地悪するからみんな辞めちゃうんだね。でも、僕は皿洗いがおもしろくて、おばちゃんたちの分まで洗ったんだよ。休憩してなよって言ってね。一番喜んでくれたのはゴミ出し。最後に残飯をまとめて1階まで出すんだけど、重いし階段しか使えないので大変だったんだよ。そのうち板さんから頼まれて馬券を買いに行ったりしてたら、包丁を教えてくれるようになった。調理場の人間にも教えないようなことを、俺だけに教えてくれるんだよ。それなら、こっちも教えてもらってる時は、時給はいらないやって。大学に行ってるよりも断然おもしろかったからね」

4階にはおもしろいヤツがいる、くせ者のおばちゃんや頑固な板前に可愛がられているらしいという噂はすぐに渋食中に広まり、正垣は各フロアからひっぱりだこになった。どこに行っても、大変な仕事を喜んで引き受けたことから、正垣はすぐに店中の人々と親しくなった。共にゴミ出しをする立場であった歳の近い調理師見習いとは、とくに親しくなった。親分肌で常人とは違う考え方をする正垣に、彼らが惚れ込んだと言っていい。そのひとりが、前に少し触れた、'09年に退職するまで正垣とともに働いた元専務の山本慈朗である。

正垣が渋食で働いた期間は1年にも満たない。理科大の講義はおもしろくなかったが、卒論はしっかり書きたいと、4年になって退職を願い出たのだ。

「そうしたら職人の親方が、お前、商売をやれだって。僕に商売を勧めてくれた人は、だから3人いたんですよ」

だが、簡単に辞めることはできなかった。山本をはじめとする若い従業員が、正垣についていくと言い出したのだ。

「お前が辞めるんなら俺たちも辞める。ついていくから、どこかで商売をやれよ」

これには正垣も焦った。人生の先輩たちに「商売をやれば」と嘱望されてはいたものの、本人はちっとも意識しておらず、これから卒論に専念しようとしていた矢先に、みんなが渋食を辞めてついていくと言い出したのである。

「それで困っちゃって、父親に相談したんだよ。レストランやらせたい人がいるんだけど、板前でいい人はいないかって。親父は『お前がやるんじゃないだろうな』って言うから、『いや、僕は学校に行くから』と答えると、すぐに店を買い取ってくれた。でも、場所は本八幡って言うんだ。あれ、俺は学校に行くって言ってるのに、何で九州の店なんだって思ったけど、よく聞くと千葉の市川って言うじゃない。それですぐにコックさんに会いに行ったんだ」

それが創業店となるフルーツパーラー『サイゼリヤ』である。

実験器具で料理を作り、100円で販売

渋食を一緒に辞めた山本たちをそのパーラーに入れれば、御役ご免と考えていた正垣の当てはすぐに外れた。ちっともお客が来ないのである。商店街のはずれにある八百屋の2階という立地条件の悪さに加え、食品サンプルも放置されたままで、スパゲティに至ってはロウが溶けてスープスパゲティのように見えるというほど荒れ放題の店だったのだ。

「もちろん、給料なんて払えない。しょうがねえなあと思って、自分も仕方なく店に入ることになったんだよ。料理のことも経営のこともわからなかったから、店に入る前に新宿の紀伊國屋書店に行って、西洋料理の本と経営に関する本を片っ端から買った。まあ一夜漬けみたいなもの。それで店に入ってコックさんにくっついて教えてもらっていたら、1日で『もう、お前に教えることはない。俺も辞めるつもりだから、あとはお前がやってくれ』だって。それから43歳になるまで、ずっと厨房に入ることになったんだ」

パーラーとは言いつつも、深夜営業が中心でウイスキーのボトルキープも行なうなど、この頃のサイゼリヤはほぼスナックだった。お客を集めるために、正垣はサンドイッチマンとなって本八幡駅前に立ち、終電に乗り遅れた酔っ払いを店まで引っ張っていった。怪しげなサンドイッチマンだった男が、店に入るといきなり料理を作り始めたので、驚くお客が後を絶たなかったという。

この頃すでに正垣は、卒論のために渋谷にあった理科大金属材料技術研究所に通っていた。朝4時までの営業を終えると、掃除や仕入れ、仕込みを行ない、それから研究所に向かうという毎日。ほとんど寝る暇もなかった。

研究所の仕事は記録フィルムを現像することだったが、暗室に入ると一気に眠気が押し寄せ、寝込むこともしばしば。ちっとも暗室から出てこないのを不審に思った先生に問い詰められた。

「朝までレストランをやってるからって答えたら、じゃあ作ってみろ、と。でも、フライパンや鍋なんかないから、三脚を立てビーカーとか実験器具を使って料理したら、先生、うまいってびっくりしちゃって。それから毎日、店から材料を持ってって研究室で作ってたら研究所中の評判になった。それで100円で売ることにしたんだ。店にはお客さん来ないけど、ここにはいっぱいいたからね」

研究所には食堂もあったが、キープ期限の切れたウイスキーを先生たちに差し入れていたので大目に見てもらった。店と研究室の2本立ては正直、身体に堪えたが、まわりの人々は喜ん

創業当時のサイゼリヤにて。正垣泰彦現会長（右）と店を手伝っていた弟の邦生氏。邦生氏はその後、副社長として兄を支えた

でくれる。正垣にとっては、それなりに充実した時期だったのだ。

だが、そんな日々も長くは続かなかった。正垣が抜けると、店がまともに動かなかったのである。

「みんなドジなんだよ。あるときかつ丼のタレをジンの空き瓶何本かに詰めておいたんだけど、研究所から帰ってきたら空っぽになってた。こんなにかつ丼が出るわけないから、どうしたんだって聞いたら、『あれ、アイスコーヒーじゃなかったんですか』だって。カレー粉と間違えてマスタードを入れたこともあったけど、文句は出なかった。店も店ならお客もお客だったんだよね。でも、このままじゃあ絶対お客は来ないから、店に専念することにしたんだ」

研究所の先生や大学の教授からは猛反対された。とくに「自分たちの使命は、お前にきちんと研究させて卒業させることだ」という言葉は正垣の胸に刺さったが、大学に未練はなかった。とにかく従業員に飯を食わせなきゃならない。それだけで頭がいっぱいだったのだ。商品や仕入れ、店のことやお客のことを考えなければならない。余計なことをしている暇はなかったのだ。その後、一度も大学には顔を出さないまま卒業時期を迎えた。のちに確認したところ無事卒業できていたとのことだが、正垣にとってはどうでもいいことだったという。

ヤクザ同士のケンカで店が全焼

自分が卒業できたかどうかも考えずに、店に打ち込んでいたその時期、サイゼリヤはヤクザ同士のケンカが元で出火、全焼という憂き目に遭う。店を初めてわずか9ヵ月のことだった。

普通のお客はちっとも来ない店だったが、深夜営業していることに加え、掛け売りもしていたので、水商売関係やヤクザにとっては重宝な店であった。とくに、深夜はそのような客筋のみだった。

「火事の翌日の新聞には『総武線のダニの巣窟』と書かれたくらいだから、よっぽどひどい店だと思われていたんだろうね。当時のお客さんというと、あとは警察。夜中でも出前をやっていたからね。あの頃はヤクザと警察が睨み合いをしていたんだけど、深夜営業していたのはうちだけだったから、夜中に注文が入ったんだよ、それも警察とヤクザの両方からね。だから、警察に出前に行くとヤクザの動向を聞かれたし、組事務所に届けると警察の動向を聞かれた。お互い同じようなこと考えてんだなあって、おかしかったね」

火事はそんななかで起こった。

'68年4月8日未明。春というのに肌寒く、石油ストーブを点していたその晩、対立しているヤクザ同士のケンカが始まった。

客筋が客筋だけに、お客同士のケンカは日常茶飯事。正垣らはもちろん、他のお客もいつものことと静観していたのだが、口論しているうちに激昂したヤクザのひとりが、何を思ったのか、相手に向かって火のついているストーブを投げつけたのである。

相手は払いのけたが、それがカーテンに燃え移ったので正垣は布団をかぶせて消火しようとした。その頃は中野の家に帰る時間がもったいなくて、山本たちと一緒に店で寝泊まりしていたため、ロッカーに布団を畳んで仕舞っていたのだ。だが、その布団にも引火してしまった。新建材の店内はあっという間に燃え広がり、お客と従業員を逃がすのが精いっぱいだった。

「それから僕は裏口から逃げたんだけど、表に回ると従業員がみんな泣いてた。俺が出てこないから、死んじゃったかと思ったんだね。悪いことに俺が裏口を開けたせいで隣も燃えちゃった。もちろん、下の八百屋も全焼。保険にも入ってないし、弁償する当てもない。ぼう然としながら消火するの見ていたんだけど、内心ホッとしているところもあった。たぶんみんなもそう思っていたんじゃないかな。これでやっと店をやめることができるなって」

正垣がそう語るのには、それなりの理由があった。

お客は来なかったが、店にはやることがいくらでもあった。例えば仕入れ。当時、朝4時まで営業した後、掃除をして休む間もなく正垣は仕入れに出かけていた。築地にある食品卸に着くのは5時ごろ。開店時間が6時なので、それまで店の前に段ボールを敷いて寝ていた。そこでの買い物を終えると、今度は勝鬨橋の横にある店に回るのだが、こちらは9時開店。やはり店前で寝ていたという。それから本八幡の店に戻り、仮眠した後、仕込みを行ない、夕方4時からの営業に備える毎日。まともに寝ることもできなかった。

だが、確かに疲れはしたが、正垣はこの程度でへこたれる人間ではない。つらかったのは、従業員にまともな給料を払うことができなかったことだ。

「ある日、店で寝てたら、入口で声がした。よく聞くと、慈朗、慈朗って言ってるんだ。何だろうと思ってドアを開けたら、年配の女性が立っていた。慈朗のおふくろさんだったんだよ。せっかく渋谷食堂という大きな店に就職したのに、飛び出して22歳の若造についていったんだから不安だったんだろうね。慈朗と話をして帰っていくんだけど、そのとき僕に頭を下げるんだよ、慈朗をよろしくって。これは堪えたね。何とかしないといけないと思った。そのときから僕は従業員のことを最優先に考えるようになった」

正垣は昔から、一番大事なのは従業員と言い続けてきた。株式を公開した後でも、優先順位はまず従業員であり、それからお客、会社、株主の順と公言している。その原点となったのがこの時の体験だった。

正垣は、給料が払えないことがつらくてたまらない。給料が出せない分、「頼むから勉強を教えさせてくれ」と従業員に頭を下げ、高校や大学で学ぶ数学を中心に、哲学なども教えた。定期的に試験をして、合格点に達しなかった従業員は店の掃除をするなど、ゲーム的な要素を加えたこともあり、従業員たちにとっては楽しい記憶として残ったようだ。あとで正垣が尋ねると、みな中学を卒業し集団就職で上京していたから、「高校や大学で学ぶことを教えてもらえたので、勉強することが面白かった」と口を揃えたという。

サイゼリヤは日本の外食企業として初めて本格的にエンジニアリングに取り組んだ企業である。エンジニアリング、すなわち物事を数値化していくためには、数学的な思考が要求される。サイゼリヤでは、そのための教育トレーニングが行なわれているが、その第一歩は給料が払えないゆえの苦肉の策だったわけだ。

話は前後したが、そのように従業員第一と考える正垣にとって、満足な給料も払えずに店を続けることは実際、苦しかったのだ。燃え上がる店を見ながらホッとしたのは、そのくびきから解放されると思ったからである。

データから浮かび上がったイタリア料理

ようやく鎮火し、事情聴取を受けた後、正垣は中野の自宅まで徒歩で帰った。すでに総武線は動いていたが、金がまったくなかったのだ。とぼとぼと歩き、ようやく家にたどり着き、母親に事情を説明した。このとき返ってきた言葉には驚いた。

「よかったねって言うんだよ。こっちはガッカリしてるのに、なんてこと言うんだろうと思ったね」

毎日ヘトヘトになっていたし、店がなくなってホッとするくらい給料が払えないことがつらかった。それだけに母親のひと言にカチンときながら、これを機会にサラリーマンにでもなろうかと思っていることを伝えると、母親はこんなことを言った。

「せっかく火事が起こったのに、やめるなんてもったいない。いいかい、苦労や問題というのは、自分を成長させるために起きているんだから、正面から受け止めなさい。火事で店がなくなるなんて、最高じゃないの」

そう言われて、正垣は不思議と納得してしまうのだ。物事をそのように受け止める母親に育てられたせいかもしれない。

とはいえ、さすがに火事の火元になったのだから、二度と本八幡で商売はできないだろうと考えながら大家に会いに行くと、こちらも驚いたことに、貸してくれるというのだ。

火を出したとはいえ、正垣たちに過失があったわけではない。ヤクザ同士のケンカという、ある意味では不可抗力が原因で、頑張っている若者たちの道を閉ざすことはできないという親心のような気持ちがあったのかもしれない。

「貸してやるから、もう一回やってみな」

そんな大家の思いやりに触れ、正垣はもう一度、店を開くことを決意する。大家が建て直した建物の2階に再び出店することになった。

全焼後、大家さんの好意でサイゼリヤ１号店は復活、その後、大繁盛店となり、今日の礎をつくる。いま教育記念館保存目的として残る

「保証金もなし、家賃も以前のままにしてくれた。だから、お客さんが来るようになってから、家賃を上げてくれってこっちから言いに行った」

相当な恩義を感じていたからだろう、正垣はサイゼリヤが上場するとき、従業員全員に株を分配しているが、第三者として割り当てたのは、この大家だけだったという。

周囲に借金をして、超軽装備ながらなんとか店を再開するめどが立つと、正垣は考えた。

今度こそちゃんとお客が来る店にしたい。そのためには、クセになるような料理、一度食べたら病みつきになるような料理がほしい、と。

「言ってみれば麻薬みたいな料理。でもそんなもの入れられるわけないから、当時、流行り始めたコカ・コーラを使って実験したんだけど、うまくいかない。それで何かないかなと調べてみることにした」

普通の頭ならば、そこで目を向けるのは他のレストランの売れ筋である。要するに外食の世界にしか目を向けないものだが、正垣は違った。食品の中で何が伸びているのか、注目されているのかを調べたのだ。最初に浮かび上がったのは、味噌とニンニクと唐辛子。テレビではやたらと味噌のCMが流れていたし、ニンニクは戦後一気に消費量を伸ばした。また、その頃、痔が流行っていてその原因として唐辛子が挙げられていた。

「じゃあ、その3つでどんな料理ができるのかって考えたとき、パッとひらめいたのがあの頃、流行っていた味噌ラーメン。なあんだ、簡単じゃないかって思ったよ。だって地球規模で食べられているものを組み合わせれば、それが人類にとっては麻薬になるんだからね」

調べてみると、世界規模で消費量が伸びていたのはトマト、チーズ、そしてスパゲティだった。正垣がそこから導き出した結論がイタリア料理だったのである。だが、これは、すぐに決まったわけではない。

そもそもきちんとしたイタリア料理を食べたことがなかった。当時、ピザというと六本木の『ニコラス』くらいしかなかったし、スパゲティはケチャップ味のものだけ。しかも、トマトやチーズはフランス料理やスペイン料理だって使っているわけだから、日本にいるだけでは決め切れない。そう考えた正垣は、実際にヨーロッパに行ってみることにした。火事前のサイゼリヤの常連にヨーロッパのツアーオペレーターであるミキ・ツーリストの社員がいたことを思い出し、さっそく視察旅行のコーディネートを頼んだのである。

この時、フランスとスペインだけでなく、ドイツやスイスなどを回ってみたのだが、正垣が一番おいしいと感じたのは、やはり最後に訪れたイタリアであった。

「毎日食べても嫌にならなかったのがイタリア料理だった。フランスはよそ行きの料理だったし、スペイン料理は油が多く感じられた。イタリアのようなシンプルさがなかったよね」

なかでも印象に残ったのが、ローマで何軒も食べ歩いているうちにたどり着いたマリアーノという店だ。それまで食べていたイタリア料理よりもはるかに繊細で、正垣の、つまり日本人の口に合った。

驚いた正垣は日を改めて訪れ、フルコースで食べてみることにした。時間と資金が限られた視察旅行では、アラカルトで注文するしかなかったため、初めてフルコースで注文したのだが、食べる順序から料理に合わせる飲み物まで、一連の流れになっていることに衝撃を受けた。

「しかも、それぞれに選択肢がある。水だってガスが入っているかノンガスか自由に選べるんだからね。なんて豊かなんだろう、これが料理なんだ、これが食文化なんだって思ったよ。それで、このマリアーノを自分たちの原点にしようと決めたの。それから40年間、毎年、従業員を連れて食べに行ってる。今は従業員がずいぶん増えたけど、全員に行かせようと思ってる。自分たちはここから始まっているということを知ってもらいたいからね」

こうしてサイゼリヤはイタリア料理店として再出発することになったのだ。

野菜を飛び越えお客が押し寄せる大繁盛店に

イタリアの豊かな食文化を日本にも定着させたい。正垣には熱い思いがあった。

が、ことは簡単には運ばない。イタリアの食材を使いたくとも、売っている店はどこにもなかった。海外の食品を扱う店が揃っていた東京・上野のアメ横にも見当たらず、途方に暮れている正垣の耳に入ったのが、イタリア食材を専門に扱う業者の噂だ。これがのちのモンテ物産となるのだが、とりあえずイタリア関係の食材はすべてそこを通して入手することになった。

「でも、ルッコラやイタリアンパセリなどの野菜は当時まったくないし、そもそも日本の野菜はヨーロッパの野菜とは違うんだ。毎日食べるものだから、野菜そのものの味だけすればいいのに、日本人は甘さとか旨味を求めるから、本来の味とは違っちゃうんだね。手に入らないのなら、自分たちで作るしかないなあ、と。だから、僕らは最初から農場を持つことを考えていたんだ」

だが、店を再開したものの、やはりお客が来ない日々が続いた。

焼失したことで行ける店がなくなったヤクザは、サイゼリヤの存在価値を痛感したのか、すっかり大人しくなっていた。なのになぜお客が来ないのか。ある日の夕方、店から出たところでその理由がわかった。前述したように、八百屋が夕食の買い物客を目当てに、サイゼリヤに上がる階段のところまで商品を並べていたからだ。ピークになると、それこそ階段が見えなくなるほどである。これではお客が入るはずがない。入れないのだ。

「おふくろは、お前をよくするために火事になったといったけど、ちっともためになってないよ。下の八百屋のせいで、お客さんが来ないんだから」と、正垣は母親に嘆いた。

「そんなことはないよ。その八百屋さんだって、お前を成長させるためにいるんだと思えないかい」

お客が来ないのは、商品に価値がないからだと理屈としてはわかっている。だが、火事を出すという失態で後がない状態なのに、売上げが上がらず借金も返せない。その焦りから原因を外部に擦りつけていたのだ。母親の言葉で目が覚めた正垣は、野菜は下の八百屋から仕入れることにして、仲よくなろうと努めた。だが、言えばどかしてくれるのだが、しばらくすると元の状態に戻るというイタチごっこ。こうなったら、お客が野菜の山を飛び越えて店に来てくれることを考えなければいけない。それが価格を下げることだった。

「3割下げても反応がない。5割下げたら動き出したけど、それでもたいした反応ではなかった。それで7割引きにしたわけだ。そうしたら本当に八百屋の荷物を飛び越えてお客が押し寄せ、すぐに行列ができるようになった。このとき初めて2階っていいなと思った。階段があるから並びやすいし、顔を突き合わせることがないから、並んでいてもあまり気にならないんだよね」

’70年代に入るとさらにお客は増え続けた。午後4時の開店と同時に、狭い店内はお客であふれ、7時頃には品切れになった。売るものがないからとシャッターを閉めるのだが、お客はシャッターの前に並んで「開けろ」「開けろ」の大合唱。仕方がないので1時間だけ閉めて仕込みし直したのだが、それもすぐになくなる。西は錦糸町、東は千葉辺りからもお客が来店した。そんなに遠くから来てくれるのに入れない、品切れで出せるものがないのでは申しわけない。とにかくどんな場所でもいいからもう1店、店を作り、収容できる人数を増やしたい。

その願いがようやくかなったのが’75年9月にオープンした市川南口店だ。市川で一番悪いと評判の立地であり、直前の店子は夜逃げしていた。不動産屋も困り果てていたという物件で、周辺の商店主らからは「誰がやっても失敗する」と言われていたものだ。

しかし、正垣は迷わなかった。

「そんなの気にならなかったよ。本八幡だってそうだったんだから。逆に、そこでうまくできれば、どこへでも行けるようになってみんなには言っていた」

実際、ここもすぐに超繁盛店になり、3店めの出店を決意する。それが市川北口店であり、正垣はこの店に、10店規模に対応できるセントラルキッチン機能も設けた。

サイゼリヤをイタリア料理店として再開する段階から正垣は、イタリアの食文化を定着させるには、素材から自分たちで手掛ける必要があり、そのためには規模、すなわち店数が必要だということも理解していた。まだペガサスクラブの指導は受けていなかったが、渥美俊一や川崎進一の著書を読み、自分たちのビジョンを実現するには、チェーンストアしかないということは理解していたのだ。だから、市川北口店で数店分の集中加工ができる体制を整え、チェーンストアとしての第一歩を標したのである。

III 飛躍へのステップ

第7章 人間・正垣泰彦の魅力
――『人のために』を考えると力が湧いてくる

第8章 成長の軌跡
――外食業にない概念の導入でさらなる躍進へ

第9章 海外戦略と試行錯誤のFFS
――『失敗を重ねなきゃ、成功なんてあり得ないよ』

第7章

人間・正垣泰彦の魅力

『人のために』を考えると力が湧いてくる

「恩師のために」だけを目的に進学

正垣は46年1月、兵庫県朝来郡生野町（現在の朝来市）の旧家に生まれた。実家は代々続く医者の家系で、祖父も医者だった。

祖父は篤実な人柄で地域の人々に慕われており、何かあると「日ごろ世話になってるから」と、採れたての野菜や魚が届けられた。正垣家では届けられた食材を使っては料理を作り、それを再び近隣の人々に振る舞っていたという。正垣は物心ついた頃から、家でこしらえた料理を、近隣の家庭に届けるというのが役回りであった。

「生野町というのは山の中だけど、兵庫のちょうど真ん中あたりだから、けっこううまいものに恵まれているんだよ。肉だと但馬牛とかイノシシがあるし、魚も瀬戸内海と日本海の両方から届く。野菜だって鮮度のいいものばかりだよね。だからなのかな、食べもの屋をやっている人が多い」

新鮮な素材で料理を作り、まわりの人たちに食べてもらう。運び役であった正垣少年は、料理を届けることで人々が喜ぶ姿を何度も目にしてきた。サイゼリヤの原点は、ここにあったということもできる。

正垣が東京に来たのは小学校3年生の秋のことだ。東京の第一印象は「不思議なところだなあ」というものだった。

「転校した日、給食があるからって箸と茶碗を持って行ったら笑われてさ。田舎じゃそれが当たり前だったから、普通に持って行っただけなのに、それを笑うんだから何て変なところだろうなと。それで、初日から取っ組み合いのケンカ。まあ、田舎じゃガキ大将だったからね」

そのケンカがきっかけで、東京でもすぐにガキ大将となった。人の世話をするのが当たり前という環境で育っただけに、子どもの頃から面倒見のいい親分肌だったようだ。

とはいえ、東京には生野町のような濃密なコミュニティはなく、頼りにされる機会もずっと減ってしまった。正垣は、自分の気質を持て余していたようで、何となく物足りない少年時代を過ごしていたという。そこで積もった思いが、後になってリーダーシップとして発露したのではないかと正垣は振り返る。

「リーダーになりたいという欲はなかったけど、結果としてそうなっていたから。人より優れているところなんて一箇所もないんだけど、人の面倒見だけはよかったね。どういう人間に対しても同じ、相手がどんな悪いことをしてても全然、平気だった」

不良がかったグループとも親しくなったのは、そんな性分に由来するのだろう。高校1年生の時、正垣は退学寸前になったという。

発端は中央線沿線で起こったある事件だった。その犯人探しをする過程でパー券を売って遊ぶ金を稼いでいるグループが調べられることになったのだが、正垣は、そのグループのひとりだった。

もちろん、事件とは関係なかったが、不良グループのリーダー格であり、学校にまでパトカーが来る騒ぎの張本人だったことから、教師らの意見は退学処分でまとまっていた。だが、ひとりの教師が「自分が何とかするから」と周囲を説得し、正垣は退学を免れたという。

「平澤先生っていう予科練帰りの先生なんだけど、何かあるとすぐにぶん殴るような厳しい先生だったよ。その先生が必死になってかばってくれたから救われたんだ。その頃はグレる要素がいっぱいあった。まず勉強が嫌いだったし、親父は女のところに行って家に帰ってこないとかね。だから勉強なんか何にもしてなかったけど、平澤先生は『お前はできるはずだ。頑張って大学に行け』って言ってくれた。こっちも先生がかばってくれたことをわかっているから、『わかりました。じゃあ、東京理科大だけ受けます』って言って、2年生のときは一所懸命勉強した。おかげで3年に進級するときには、一番できるクラスに入れたんだ」

東京理科大学理学部を志望したのは、もともと理数系が得意だったこともあるが、試験科目が物理、数学、英語の3科目だけというのも大きい。「英語は全然ダメだけど、物理と数学で満点取ればいいや」と考えたのだ。

〝地頭〟は相当良かったのだろう。高3の時には東大や東工大の入試問題、理科大の教養課程で学ぶ数学の問題に取り組んでいた。

当然、入試も無事クリアして、東京理科大学に入学するのだが、そもそも志望の動機が恩師の「大学に行け」という言葉だけだから、入ったとたんに大学そのものへの興味がなくなった。アルバイトに明け暮れていたのも、卒論を放り出して店の経営に専念したのも、大学を卒業することが目的ではなく、「先生のために合格すること」しか考えていなかったからだ。

自分の欲をなくせば本当のことが見える

正垣が何かにつけて人の面倒をみたり、つらい仕事を自ら引き受けるようになったのは母の影響が大きい。母は後妻として正垣家に嫁ぎ、先妻の子どもたちと実子である泰彦を分け隔てなく育てた。

「それだけじゃないんだよ。親父がいろんなところで子どもをつくるんだけど、みんな引き取って僕らと同じように育てるの。それが楽しいって言い切るんだ」

何かあっても絶対に人のせいにしない。全部、自分に原因があると考え、じゃあ自分はどうすべきかと考える人だったという。

「夫がよそに女をつくるなんて、妻としたら一番悲しいことじゃない。でも、それは自分の力が足りないからで、夫にも相手にも申しわけないと本気で言うんだ。そんなのおかしいじゃないって僕らは思ってたんだけど、おふくろは災難とか失敗とか目の前に起こる困難は、すべて自分のためにあるんだよって。自分を試してくれるんだから、最高に幸せじゃないかって。そういうおふくろの下で育ったから、自然と人が嫌がるようなことを進んでやるようになったし、それが最高に楽しいことだと思うようになったんだろうね」

わざわざきつい職種、アルバイト代も安い職場を選び、さらにみんなが嫌がるゴミ出しを喜んで引き受けた理由もここにある。そして物理学を学ぶことで、母からの教えは正垣のなかでより強固なものとなっていく。

物理学とは「自然現象を支配する法則を、物質の構成要素間の相互作用として捉えて探求する自然科学の最も基本的な学問」（大辞林）である。そのためには、自然界の現象をありのままに観察しなければならない。法則化するために、都合のいいところを拡大したり、悪い部分を排除したりしてはならない。目の前で起こっていることをそのまま受け取ることが大切なのである。

「ああ、おふくろの言っていたのはこういうことかって。人間てのは自分が大切だから、何かにつけて物事を自分に都合よく見てしまうんだよね。嫌だなあと思うのも、自分にとっては損になると感じているからそうなるのであって、だから、すべての原因は自分のものの見方にあるというのがわかったんだ」

経営者が自分にとっての損得を捨て去ってしまえば、どうすればお客や従業員が喜んでくれるのかが見えてくると正垣は言う。いくら口では「お客さまのため」と言っていても、心に「儲けたい」といった欲があったら、どこかで自分に都合の良い考え方をしてしまうというわけだ。

「科学をやっているとそれがわかってくる。例えば我々はＩＥ（インダストリアル・エンジニアリング）の手法で生産性を上げようとしているわけだけど、観察・分析・判断するための一番の方法は、できない原因、ダメな理由を外の要因にしないこと。効率の上がらない原因は、自分の考え方が違うってこと。それだけなんだよ」

科学者としての正垣の目から見ると、自然も人間もすべて法則によって動いているという。であるならば、人間の営みであるビジネスもまた同じであり、法則通りに動いていれば、きちんとした結果につながるし、そうでなければ悪くなると信じて経営している。

「世の中は原因があって結果があるという因果関係で成り立っているの。さらに、その結果が原因となって結果を生み、その結果がまた原因になる。世の中は変化しながら先に広がっているわけで、これは宇宙が膨張しているのと同じことなんだな」

宇宙の膨張と結びつくかどうかは別にして、何らかの成果が評価されて次の実績に結びつくというのは、ビジネスの世界では当たり前のことだ。だからこそ、先人が経験則の中から発見した『原理原則』という法則に沿って活動し、きちんとした結果を得ることが重要なのだ、と言いたいのだろう。

「要するに、正しいことをやれば、正しい結果がついてくるってことなんだけどね。僕は物理をやっていたから、こういう解釈のほうがわかりやすかったんだ」

正垣はこのように「物理の法則をビジネスの法則に当てはめていくことがすごく楽しい」と言う。サイゼリヤの価格を説明するときに、アインシュタインの相対性理論を引用したことはすでに述べたが、「努力を続ける」ということもニュートンの法則をもって説明している。月刊食堂『サイゼリヤ革命』からその部分を引用しよう。

力学からいうと、置いてあるものは誰もいじらなければ明日も明後日もそのままそこにある。力を加えると動くが、しかし、それを止めるとまたそのままになってしまう。ニュートンは止まっているものは止まり続けると考えた。要するに、自然界のものはすべて同じ状態でありたいと思うものなのだ。しかし、力をある方向に加えると動く。

ニュートンはこれを〈ｆ＝ｍａ〉という公式で表わした。

（ここで言う）力とは何かを考えると、それは努力なのではないか、とわれわれは気がついた。努力をすると物事は動くが、努力を止めてしまうと止まったままなのである。

（中略）

われわれは子供の頃から「努力し続けなさい」と言われ続けてきた。しかし、物理学上の法則もそのことを証明しているという事実のほうが、われわれ理科系集団の頭にはピンとくる。

これはニュートン力学における第2法則（ニュートンの運動方程式）と言われるもので、物体が力を受けると、その力の働く方向に加速度が生じるが、運動量の変化である加速度（a）はそれにかかる力（f）の大きさに比例し、質量（m）に反比例することを表わす公式である。

サイゼリヤとは正反対の文系の頭だと逆にこんがらがってしまいそうだが、要は「どんなに困難がともなう物事であっても、自分たちの理念に向けて絶えず努力を続ければ必ず解決する」ということだ。

サイゼリヤが品質を追求しながら、誰もがうなる安さを実現できたのは、つまりそういうことだ。逆に、多くのチェーンレストランで価値のある低価格を実現できていないのは、努力が足りないからである。

サイゼリヤ展開の意味を改めて考えた

少々強引な考え方をすると、正垣は母からの教えをそのまま受け入れるのではなく、数学や物理学を学ぶことにより、科学的に論拠を考察する方法論を身につけたのではないだろうか。

例えば、人が避けたいと思うことや嫌がることに真理があり、最高の体験を与えてくれることを正垣は、ワインを通じても再確認している。

すでに触れているが、ワイン、とくに赤ワインは酸味、苦味、渋味という、単独では口に合わない要素で構成されている。だが、そのように人が避けたいと感じる味で成り立っている赤ワインに感激し、最高の体験と感じている自分がいるのだ。

そのとき、おそらく正垣は、母の言葉を思い出したのではないだろうか。母が言っていたように本物や真理は、人が避けたいとか嫌だと思うことのなかにこそある。

こういう体験があったからこそ、正垣にとってワインを社員に飲ませることは、特別な意味を持つものになったと思われる。

あるセミナーの発表会で正垣は、まだ規模が小さくて人材が集まらない時期、優秀な学生を取り込むためにワインを利用していたと述べている。

大学が中間や期末試験の時期を迎えると、正垣は学生アルバイトに1本10万円とか30万円のワインを飲ませ、寝坊したり二日酔いで悩むくらい酔い潰し、まともに試験を受けさせなかったという。それで卒業できないようになって、仕方なくサイゼリヤに入ることになるというわけだ。

もちろん、冗談に過ぎないのだが、アルバイトたちにワインを飲ませていたのは事実である。

開発輸入を担った長岡が、ワインが入社のきっかけになったことは既述した。本格的な多店化を開始する直前のサイゼリヤで学生時代にアルバイトを経験し、大いに影響を受けたと語る㈱ダイヤモンドダイニングの社長、松村厚久もワインの思い出をこう語っている。

「とにかくみんなサイゼリヤが好きで、仕事が終わってからも、休みの日にも、店に来て飲んでいました。その頃1月1日が全店の休業日で、社員やアルバイトが正垣社長(当時)の家に集まって、ワインを飲ませてもらいました」

もちろん、幼児期からの体験により「食べものは、共有することに喜びがある」という考えが根底にあるから、おいしいワインをみんなに味わってもらいたいという気持ちの発露であろう。だが、その背後には、母が生き方を通じて教えてくれた世の中の真理を、正垣も自分なりに伝えていきたいという思いもあったのではないだろうか。

正垣の母は92歳のとき、平和の祭典でローマ法王に謁見してから亡くなった。余分な金があったら全部、寄付してしまうような人間だけに、旅行などにはまったく興味を持っていなかった母親だが、バチカンに行ってみないかという正垣の誘いに何かを感じたのであろう、珍しく行ってみたいと答えた。

マリアーノの人々は長年の友人の母を歓待し、最高の料理でもてなしてくれた。さらに翌日、バチカンに行くと、友人の手引きでローマ法王が目の前という席につくことができ、普通では考えられないことだが、話しかけられる機会を得たという。

「帰ってきてから、僕らにおでんを作ってくれたんだけど、塩の味がとれないって言うんだよ。海外に行って疲れたからだろうと検診を受けさせたら、ガンの末期と言われて。それでもおふくろは喜んでたね。おふくろに言わせると、死ぬってことは最高のことなんだ。人間は必ず死ぬんだけど、それがわかっているから、いろいろ悩んだり苦しんだりするのであって、死んだら二度と死ぬことがないんだから苦しむこともない。死ぬってことは永遠に生きることになるのだから、最高なんだよと言うわけ。たしかに、病気になったり死んだりというのは、科学としてみればどうってこともない、当たり前の現象だよね。それを苦しいと思うのは考え方の問題。だから、何が起こってもありがたく受け止めなさい、とおふくろは言っていたわけだけど、本当にその通りに生きた人だったね。亡くなった日にバチカンから、ローマ法王に謁見したときの写真が届いた。その日は、自分がイタリア料理と出会った意味、サイゼリヤをやっている意味を改めて考えさせられたよ」

母がビジネスに口を挟むことはなかった。が、ある日の早朝、正垣のもとに来て「これをおでこに貼りつけておきなさい」と、紙片を手渡されたことがあった。そこには、アメリカ南北戦争に従軍した南軍兵士が記したといわれる詩の一部が綴られていた。

【祈り】

大きなことを成し遂げるために
力を与えてほしいと神に求めたのに
謙遜を学ぶようにと弱さを授かった

偉大なことができるように
健康を求めたのに
よりよきことをするようにと病気を賜った

幸せになろうとして
富を求めたのに
賢明であるようにと貧困を授かった

世の人の称賛を得ようとして
成功を求めたのに
得意にならないようにと失敗を授かった

その日は、サイゼリヤが株式を公開する日だったという。

「人のために」を考えると力が湧いてくる

人はどう生きるべきか。

哲学では常に議論されるテーマだが、母の生き方や物理学からたどり着いた正垣の結論は、「人のため、正しく、仲良く」——そう、サイゼリヤの基本理念である。

「じゃあ正しいことって何かというと、みんなが良くなること。自分だけなんてのはもってのほかで、お客も会社も株主も、それから社会も全部含めて良くなる方法を考えることが正しい選択なんだ」

だが、それがむずかしかったり大変だったりすると逃げたくなるのが人間だ。楽をしたい、つらいことを避けたいというのが本音なのである。正垣もそれは理解している。

「でも、科学の論理で言えば、現象から逃げることはできない。今避けたっていずれ向かい合うことになるのだからね」

そんなときに力になるのは何か。それが「人のため」というキーワードだ。前掲書『16歳の教科書2』のなかで、正垣は山登りでつらくなったときには「誰かの荷物を持ってあげる」と不思議と力が湧いてくると説明する。人間は「自分のため」だけでは力が出ないけれど、「誰かのために」と考えると力が出せるというのである。

「店長にもよくいるけど、パートがちゃんと働かないからといって、ひどいパートだと思っているだけじゃ何も変わらない。たしかにその通りかもしれないが、ひどいのがいるというのが現実なんだから、そこで必要なのは、考え方を変えること。どうすればこの人たちのためになるだろうと考えていけば、自然と良くなっていくんだよ。そうなったとき、その店長の能力もまた上がっている。だから、悪いことは自分の能力を上げるチャンスなんだ」

経営者がよく「お客さまのため」という言葉を口にするが、それが心の底から出ているのかどうか、実は社員はよく見ているものだ。経営者の言動に少しでも自分や会社のためといった欲を感じたら、お客さまのためというのは、単なるお題目にしか映らない。社員の行動もそれに準じたものになる。

正垣には、そういうところが皆無だと前出の矢作が証言する。

「生産者を集めたゴルフコンペの後、宴会を開いたことがあったんです。宴会が終了し、みんな帰っていくので、私も会長を送っていこうと車を回したらいない。どこに行ったのかと探したら、生産者の奥さんたちと一緒になって後片づけをやっていたんです。部下たちは帰ろうと支度をしている間、最後まで片づけをしていた。言ってることとやっていることに少しのズレもないんです」

社長の堀埜もスカウトされたとき、同じような印象を持った。

「山ひとつやるから、農業を産業化して農家を楽にしてくれって、とんでもないことを言いだす。が、本気でそう思っているんだということもわかった。メーカーにいると、この人はきれい事を言っているのか、本当にそう思っているのか、すぐわかる。上から下を見てわからないことでも、下から見るとすぐわかるんですよ。ああ、この人は裏表がないんだなと思った」

これらは一例に過ぎないが、こうした正垣の姿を目の当たりにしているから、サイゼリヤには「人のため」という文化が形成されていったのだ。

これまでの経験からも、母の言っていたように、危機的な状況が結局、一番会社のためになったことがわかっている。だから、メラミン検出問題やデリバティブでの損失も真正面から受け止めた。実際、その当時、正垣に話を聞くと「最高だよ」と目を輝かせていた。

メラミン検出問題とは'08年10月、中国のメーカーに生産委託していたピザ生地から、微量のメラミンを自主検査で検出したもの。健康への影響はないが、サイゼリヤでは即時、ピザの販売を中止した。同時に、レシートを持参すれば返金に応じるとし、仮に、レシートを紛失しても同様の処置を取るとした。懸念された不正(ピザを食べていないのに返金を求める等)は若干あったものの、これは織り込み済みで処理され、総体で同社の姿勢は評価された。

また、デリバティブ損失事件は'08年、BNPパリバ銀行と行なった豪ドルの通貨スワップ取り引きで、巨額の評価損を抱えた問題。オーストラリア産食材の輸入に関する為替リスクの回避が目的だった。これらの件に関し正垣は、次のように話している。

「起こってることは事実なんだから、ありのままに受け止めなきゃならない。メラミンの時は、お客さんに迷惑をかけたんだから、まず謝って弁償しようと。頭のいい人は自分たちの被害を抑えるためにいろいろ考えるんだろうけど、そんなことをすると、逆におかしくなる。メーカーが作ったのだからとかは関係ない。自分たちの管理が悪かったってことなんだからね。社員には、会社を守るな、お客さんを守れ、と。それで潰れるような会社だったら、潰れたほうがいいんだよ。デリバティブでは結局170億円の損失になったけど、今、解約したら一番損害が大きくなるという時期に解約したから。もう少し待とうという声もあったけど、被害が大きいほど骨身に染みるからね。それで、この事件を生かすにはどうすればいいかと考えたら、僕が社長を辞める絶好のチャンスだな、と。だって、そのために何年も前に候補を選んでいろいろ経験させてきたわけだからね。だから、本当に最高のチャンス到来だったの」

災厄は避けられない。そのとき、経営者はどう判断し、どう動くか、なのである。今回の東日本大震災でサイゼリヤも農場や工場に大打撃を受けている。が、これもまた試練のひとつと受け止め、積極的に動き出していることは既述の通りだ。

正垣によれば、被災された方々には不快に響くかもしれないが、サイゼリヤをはじめとするチェーンストアにとってはチャンスだと言い切る。

「フードサービス業を含めサービス業が今、厳しくなっているのは、お客のニーズに即した変化への対応が遅れているから。大変革が求められているのに、いろいろなしがらみや制約があるためになかなか進まない。だけど、大震災ですべてがリセットされた。被災地に新たな街が生まれ、人々が住むようになると本当に生活に必要なものを扱う店、すなわちチェーンストアができていく。チェーン企業が伸びるチャンスなんだ」

チェーンストアは、マーチャンダイジングの面からも、被災地での新たな生産地づくりに貢献できるし、生産現場で働く人、店舗で働く人が必要だから、多くの雇用を生み出すこともできる。一時的な義援金の拠出より永続性のある社会貢献——これが正垣の考え方だ。

被災の当事者でもあるサイゼリヤが、人のために生きることを実践するための絶好の機会と捉えているのだ。

第8章

成長の軌跡

外食業にない概念の導入でさらなる躍進へ

悪立地や撤退物件への出店で初期投資を抑制

会社（組織）経営は山あり谷ありだ。その繰り返しである。その過程で、マイナスをプラスに転化する発想、これがサイゼリヤの強みなのだ。

前述したごとく、イタリアンレストランに生まれ変わったサイゼリヤにお客が殺到、入り切れない状態になったとき、正垣は多店化に向けて組織を法人化、'73年に㈱マリアーヌ商会を設立している。そして'77年開業の3号店、市川北口店のなかにセントラルキッチン(CK)機能を設け、多店化に着手した。

参考としたのは川崎進一が示したチェーンストアの指標である。川崎の著書には、ビジネスとは、世界一利子の高い銀行に定期預金したときの金利の3倍の利益がなければならない、とあった。たしかに、投資額に対する利益率(ROI)が銀行金利と同じレベルにしかならないのであれば、銀行に預けておいたほうがいい。ビジネスの場合、次の投資や人を育てることを考えなければならないわけだから、少なくとも金利の3倍の利益を出せなければ、継続できないことになる。

正垣はその頃の銀行金利が7%だったことから、ROI20%以上を投資の指標とすることを決めた。ROIは投資回転率と売上高経常利益率の積算だから、20%にするには回転率1(売上高が投資額と同額)の場合は、利益率20%を確保する必要がある。しかし、回転率を2(売上高が投資額の2倍)にすれば利益率は10%でいいし、回転率3なら7%だ。

要するに、同じ額を売り上げるのであれば、初期投資は低ければ低いほどいいということである。2号店の市川南口、3号店の市川北口とも店子が夜逃げした物件だった。経営不振による撤退が繰り返されるような店舗物件は、大家も思い切って家賃を下げるし、場合によっては保証金ゼロということもある。2店ともまさにそういう物件だったのだ。

その後もサイゼリヤは、飲食店では悪立地といわれる場所や撤退物件など、家賃や保証金の低い物件を狙い撃ちしながら店数を増やしていく。提供しているものに価値さえあれば、どのような場所であろうが、お客は来てくれることがわかっていたからだ。1号店がそうだったし、2号店、3号店でもそれは証明されている。

ショッピングセンター(SC)への出店はこの頃から多かった。

バブル経済下の開発ラッシュで、'80年代後半から日本のあちこちでSCが誕生した。この新立地をどう押さえるかというのが、当時の外食企業の大テーマのひとつだった。多くの企業がSCへの出店を急いだ。デベロッパーも、人気の外食テナントを揃えることがSCの集客力アップにつながると考え、飲食テナントのためのスペースをたっぷり用意していた。

だが、それは競争が激化することを意味する。飲食街に集約される分、比較対照されやすく、競争力のない店舗は瞬く間に淘汰されていく。そこに新たなテナントが入り、新陳代謝が繰り返されるわけだが、なかには借り手が出ない物件もある。メインの通りからは見えにくいスペースなどだ。当然、バブル期とはいえ賃料も下がってくる。そこにサイゼリヤは入るのだ。

巨大なSCになると複数店舗を出店することもあった。千葉県船橋市のSCららぽーとには、'81年に船橋ららぐるめ店を出店していたが、'88年に船橋そごう店、'90年に船橋そごう4階店を出店した。船橋そごう店は、船橋ららぐるめ店がすでに1500万円を売っているにも関わらず、4000万円もの月商を上げたという。撤退した前の店の実に5倍の売上げだ。その他の肩代わり店も、いずれも前テナントの売上げを楽々クリア、それがデベロッパー側の信頼につながり、出店要請が増えていったのだ。

売上げが何倍にもなる大きな理由は、SCの従業員が歓迎するからだ。SCの外食テナントは基本的に、来街するお客の飲食ならびに休息のための施設という位置付けである。価格もそれなりで、SCで働く人たちが毎日、利用できる額ではない。しかし、サイゼリヤの価格帯なら社員食堂代わりに利用できるのだ。提供も速いから、決められた休憩時間内でもゆっくり食べることができる。彼らにとって非常に使い勝手のいいレストランなのである。

日本のＳＣは基本的に大商圏型なので、来街は週末に集中する。したがって週末はいいが、平日は大苦戦というのがＳＣ内飲食店の常である。だが、サイゼリヤの場合は、ＳＣ内従業員の需要という基礎票があるので、平日も安定した売上げを確保できる。以前の店舗の何倍も売れるのは当然なのだ。

10店舗の段階で大手メーカーにＰＢ製造を要請

正確な人時生産性を把握するためには、店長や管理職にも1分単位で残業時間を管理し、残業代もきちんと支払わなければならないと正垣は述べているが、初期にはやはり「労働搾取はあった」と松谷は笑う。

「とにかくハードワークで休み時間もない。賄いも立ったまま食べて、食べ終わったら休憩は終了。だから、入ってもすぐ辞める人間がたくさんいました」

ハードワークは、外部の人間が客席から見てもわかった。みんな飛ぶように移動していた。ホールスタッフではなく、コックコートを着用した、どこから見てもキッチンスタッフが、荒い息をしながら料理を運んでくることもしばしばである。「ダイエットするならサイゼリヤに入れ」と業界で噂されたくらいだ。

従業員を楽にしたいという正垣の発言とは、違うではないかと思うかもしれない。だが、どのような会社であろうと、初期段階は馬車馬のように働かなければならない時期はある。その厳しい時期に従業員を支えるのが理念であり、満足できる給料である。

とくに自分のやっていることが、社会貢献につながっていることを実感できる楽しさ。これは肉体のつらさを凌駕すると松谷は言う。

「たしかにメチャクチャ疲れるんですが、『ごちそうさま』とか『おいしかった。また来ます』なんて言われると、すべてが報われた感じになる。これが現場の不思議なところであり、レストランの一番楽しいところ」

この経験をすると、他の部署に異動してもお客の喜ぶ顔が見え、くたくたになっても耐えられるという。

もちろん、そう感じない人間もいるわけで、そのような人間はいくら給料が良くても定着しない。自然とサイゼリヤのカルチャーに共感する人間だけの集団になっていくというわけだ。

初期の取り組みで特筆されるのは、10店舗の段階でメーカーにプライベートブランド（PB）の製造を依頼したことである。市川北口店内に設けたCKはフル稼働していたが、自分たちだけでやっていると疲れるし、どうしてもバラつきが出てしまう。

限界を感じた正垣は、メーカーと交渉を開始するのだが、これが難航した。

それはそうだろう。10店そこそこのチェーンがすでに製造ラインに乗っている製品の内容をちょっと変えるのではなく、完全にサイゼリヤの仕様で作ってくれというのである。最初は誰も相手にしてくれない。それでも正垣は正面突破を繰り返した。「少なくとも200店以上は店を出すから一緒に大きくなろう」と訴え続けたのだ。

これに応えたのが『味の素』だ。ある日、正垣が味の素東京支店で、いつものように「一番偉いヤツに会わせろ」と受付で交渉していると、たまたま居合わせた支店長が出てきて正垣の相手をした。その結果、支店長責任で川崎工場のラインを一時止めて、サイゼリヤのPBを作ることになったのだ。この件は、のちに「正垣のオーラにやられた」と笑い話になったが、裏付けるものがあったのも事実だ。当時の店舗は20〜30坪の規模だったが、いずれも1500万円以上の月商を上げていた。その分、ソースやドレッシングの消費量も半端ではなく、出数にすれば100店分くらいの価値があった。その実績を持ちながら理念とビジョンを語り、そのための協力を請う正垣を支店長は信じたのだろう。

駅前商店街やSCだけでなく、ロードサイドにも進出したのは、千葉県柏市に'89年オープンした柏水戸街道店からである。サイゼリヤの存在が外食業界から注目されるようになったのは、おそらくららぽーとでの実績とこの郊外進出からであろう。

店舗数は順調に増加していった。'92年に50号店を札幌市にオープン、商号を㈱サイゼリヤに変更。'94年7月には100号店を神奈川県藤沢市に出店した。

100店舗と前後して、オリジナルの店舗モデルも開発している。その原型となるのが'95年オープンの尾張旭店だ。「フィレンツェの教会」をイメージしたデザインは、料理と同じように、店づくりにも専門性を打ち出すことを狙った。客席にはルネッサンス期の絵を掛けるなど、これまでのややハードボイルドな印象からガラリと趣を変えている。

もちろん、そこでも生産性の高さは求められた。絵画にしても額に入れて壁に掛けたら、曲がったとき直すために人時がかかる。壁に貼り付けたとしても、額の上にホコリが溜まるから掃除しなければならない。当時、資材部だった松谷は、正垣からこう言われたと振り返る。

「いいか松谷、教会の壁画は掃除なんかしないぞ、というわけですよ。それで台場に出店する店では、壁に絵を描いたら300万円もかかって、バカヤロー、と(笑)。それからですよ、印刷した壁紙を貼るようになったのは」

天井や壁に天使が舞う、いまではおなじみの内装デザインはこのときに生まれた。

カミッサリーとプラントの違い

サイゼリヤの展開を支えているのは、カミッサリーとプラントという2つのタイプの工場である。

違いはどこにあるのか。正垣は説明する。

「カミッサリーっていうのはポーションコントロール機能とディストリビューション機能を持つ工場で、プラントは、ひとつの商品をラインで大量に製造する生産工場。うちで言うと、吉川と神奈川、兵庫の工場がカミッサリーで、福島とオーストラリアがプラント。プラントの製品は経時劣化のないものだから、世界中どこに置いてもいいけど、原料を移動するコストを考えると原料の生産地に作るのが一番いい。だけど、カミッサリーは配送センターでもあるから、8時間以内に配送先の店舗まで往復できる場所じゃなきゃならない。順序としてはまずカミッサリーをつくって、それからプラントを建設するのがあるべき形だろうね」

誤解されがちだが、外食チェーンの工場設置の目的は、店舗の作業を肩代わりして生産性を高めること、それから品質の安定化を図ることの2つだ。原価が下がるのは、購買の集中化によるコストダウン効果に過ぎない。

だが、サイゼリヤのように工場に求められる機能を明確にして、それぞれ専門特化して生産性を追求していかないと、店舗の劇的な生産性向上はありえない。プラントとしてもカミッサリーとしても中途半端だと、物流コストがかかってマスメリットの恩恵が薄くなることも考えられる。

だから、正垣は早い段階でCKを廃止し、PBに切り替えたのだ。

「最初はCKで全部作って店に配送してたけど、クルマの振動で劣化するんだよ。このことで、品質は温度と時間だけじゃなく、振動でも劣化するんだとわかって、カミッサリーの重要性を悟ったんだ。ただ、カミッサリーといえどもROIが20％以上にならなければならないわけで、そのためには120くらいの店数が必要なの。それまでの間はPBでいこうと決めた。これには狙いがあって、自社工場を作るには生産管理技術が不可欠だから、PBを発注している食品メーカーから技術者をスカウトするつもりだった」

100店舗の段階でミラノ風ドリアのラインを造る計画もあった。そのための技術者もスカウトしていたし、エンジニアリング会社との打ち合わせも行なった。だが、その当時のドリアの販売規模ではラインにはならないことが判明し、まずは物流から始めようということになった。それが'97年12月から稼働を開始した吉川工場だ。

開設当時、正垣はカミッサリーの一番のメリットとして「集中検品ができること」を語っているが、これは月刊食堂『サイゼリヤ革命』でも強調していた。

「効率化云々といわれることが多いが、その前に、数字の出どころをひとつにすることこそが、もっとも大事な役割」

吉川工場の開設以前は、メーカーから直接、店舗に納品されていたから、数字の出どころがばらばらである。それらをいちいち検品していたわけだが、出どころが多ければミスをする可能性も増える。正確な数字がつかめなくなってしまうのだ。

しかし、カミッサリーを設けて、すべての食材を1ヵ所に集めることにより、各店舗への数字はひとつにまとまる。検品作業が楽になるし、どこに問題があるのか、ということもすぐに把握できる。当然、それだけ生産性は高まるというわけだ。

ちなみに、カミッサリーがフル稼働した'99年8月期の中間決算によれば、原価率は前年同期に比べて0・3ポイント低減。販管費率も同じく1・5ポイント下がっており、営業利益増に貢献している。

吉川工場開設の翌年、サイゼリヤは株式を店頭登録する。上場により資本や技術者が集めやすい環境になったことで、工場建設はさらに進んでいった。

プラント建設のため、オーストラリアに製造子会社であるサイゼリヤ・オーストラリアを設立したのは'00年7月。北半球とはシーズンが逆転する南半球に設けることで、年間を通じて安定した生産体制を構築するとともに、将来の世界展開を意識してのものだ。

計画地はメルボルン郊外の約40万坪。４階建ての工場棟は奥行約２００ｍ、間口約80ｍという、外食業の工場としては超ド級のスケールで計画された。だが、ユニオンによるストライキで建設が遅れたのに加え、人材の問題で稼働計画も一から見直されることになった。実際に稼働を開始したのは'03年1月と、予定よりも3年近く遅れた。

「想定外の出費も膨らんだ」と語るのは当時、オーストラリアで稼働計画の再構築を進めた堀埜だ。

「設備変更やユニオンとの和解金などでものすごい金額になった。だけど、社長(当時)に言わせると、会社がつぶれないならいいよ、と。いろんなことがわかったし、回収するために生産性を上げる仕組みを一所懸命考えるようになるから、むしろ喜べと言われました」

国内では'01年3月に、吉川工場同様のカミッサリーながら、倍の規模となる神奈川工場を開設。2つのカミッサリーにより、関東はもとより東北、甲信越、東海エリアまでの食材供給態勢を整備した。また、同年5月には100店舗の段階で計画した炊飯・加工ラインを備えた福島工場も開設され、高い生産性と品質を併せ持つ、サイゼリヤ独自のオペレーションはいっそう堅牢なものとなった。

生産性はもろ刃の剣

工場の稼働や株式の公開を受けて、サイゼリヤは出店を加速する。200号店の印西大森店をオープンしたのは'98年12月。'94年7月の100号店達成から4年半かけて100店舗を新規出店したわけだが、ここからが速かった。以下に300号店以降の開店年月を並べよう。

'00年3月300号店開店(千葉・船橋芝山店)、'01年2月400号店開店(埼玉・鶴瀬店)、同年10月500号店開店(岐阜・岐南店)、'02年10月600号店開店(愛知・尾西開明店)、'03年10月700号店開店(宮城・若林大和店)。つまり、3年半の間、年間100店ペースでの出店を続けていたのである。

周囲を驚かせたのは千葉周辺での集中的な出店。店舗間の距離は1・5〜2km、近いところでは1km以内という稠密なドミナント化を進めたのである。

普通なら自社競合を恐れてこのような出店はしない。実際、既存店の数字は落ちる。「それより、従業員が疲れを感じないで働けることが大事」と考える正垣にしかできない決断だろう。さらに、これは6万から7万人の商圏で成り立つ出店の仕方を探るという狙いもあった。

当初は既存店の大きな前年割れもなく、「さすがサイゼリヤ」という声も上がっていたが、'05年、'06年頃になると急に業績が悪化する。マネジメント上の問題で行き詰まったと渥美が指摘する時期である。

原因は、やはり急速出店にあった。組織が出店の速度に追いつかず、オペレーション経験の浅い社員を店長にせざるを得なかったのだ。サイゼリヤでさえも、大手チェーンと同じ轍を踏んでしまったのである。長岡は「生産性はもろ刃の剣」だと実感した。

「生産性が独り歩きしていたんです。売上げが下がっても、人員を減らせば生産性は維持できる。そのため、人減らしに走る店長が出てきたのです。その結果、現場の人間が無理をすることになり、サービスも品質もクレンリネスも落ちるし、モチベーションに関わるサービス残業も横行していた。生産性の数字には顕われない部分に問題が続出していたのです」

高い生産性が必要なのは、従業員を楽にするためと言い続けた正垣には、大変ショックな出来事であり、理念教育にいっそう力を注ぐことを決意する。その一環として、長岡、松谷、そして益岡伸之という当時の取締役事業部長3人に現場の立て直しを命じた。いずれも正垣の横で育った現場のエキスパート。仕組みの変更やマニュアルの改定、新たな評価制度導入などを進めた。その甲斐あって、既存店の数字は回復したのだが、現場を変えた最大の要因は、正垣のDNAを受け継ぐ人間が上に立ったことによる理念の浸透だったはずだ。

この時期以降、サイゼリヤは新規出店について慎重になっている。きちんと経験を積んだ人間が店長になる道筋を作ったこともあるが、ファストフードサービス(FFS)事業や海外事業など、新たな事業に取り組み始めたためでもある。

サイゼリヤではテーブルサービスレストランでの国内展開は、1000店舗をひとつの区切りと考えている。達成した段階でまだ出店する余地があるのなら出店していくつもりだが、そうであっても、成長戦略の中心となるのはFFSと海外と決めている。次章で触れるが、そのほうがより多くの人に喜んでもらえるし、テーブルサービスレストランのサイゼリヤでは果たせなかったことも可能となるからだ。

とはいえ、出店の余地はまだまだあるというのが衆目の一致するところだ。サイゼリヤの国内総店舗数は、'11年8月期第2四半期末の段階で860店舗を数えるが、その55・2%にあたる475店舗が1都3県に集中している(ちなみに、'11年6月16日開業の『フォレオ大阪ドームシティ店』で通算出店数は1000店をクリアした)。

その一方、まったく手つかずというエリアもある。'10年には九州に進出したが、出店しているのは福岡県のみ。四国4県はまだ1店もないし、鳥取、島根、山口の山陰3県、青森、秋田の東北2県も同様だ。

しかも、こうしたエリアに出ないと言っているわけではなく、カミッサリーの新設により供給体制が整えば、いつでも出ていける。次に触れる店舗投資半減プロジェクトが完成すればROI20%以上が見込める立地はいくらでもあるからだ。

今後の重点的な出店エリアとして、堀埜は九州と中京を挙げている。九州は10店舗になったとはいえ、まだ九州一円や山口あたりからお客を集めている。サイゼリヤの理論からすれば、これは望ましい状態ではなく、早めに近接地に出店して客数を分散し、標準的な売上げに収める必要がある。

また、中京エリアはまだ店舗数が少ないことから、重点的に出店していきたいとしていたが、ここにきて東北も重点出店エリアに位置づけられることになった。東日本大震災から立ち直る街にサイゼリヤならではの貢献を行なうためだ。

津波で潮(塩)まみれになった農地でトマトの栽培を計画しているのもそのためだが、出店することで新たな雇用を生み出していくことが重要なのだ、と堀埜は断言する。

「店を1店作れば20〜40人くらいの雇用が生まれます。1店で見れば少ないけれど、これが50店になれば最大2000人の雇用になるわけです」

中長期計画によれば、サイゼリヤの1000店舗体制(既存店ベース)は'15年を予定している。そのために年間50店出店、純増30店のペースを維持するつもりだったが、ここに来て社員の定着率、新卒社員の内定率が高まり社員数が増えていることから、純増数を増やすことも明らかにしている。

成長に向け、外食になかった概念を導入

サイゼリヤでは現在、いくつものプロジェクトを並行して進めているが、大きな柱は4本あり、そのひとつが先に述べた店舗投資半減プロジェクトだ。

正垣は月刊食堂『サイゼリヤ革命』ですでに「投資は4分の1に抑えなければならない」と述べ

ている。自社他社に関わらず、店が増えていけば売上げは下がっていく。ひとつの胃袋を何店かでシェアすることになるのだから、それは避けようのないことだ。だからこそ、と正垣はこう続ける。

「今後の出店に際しては、売上げの予測は従来の2分の1と見るべきではないか、と私は考えている。（中略）したがって、今後の出店に対して一番大事なことは、今までの売上げの半分でもやっていけるかどうかである。投資と売上げの関係で見ていくと、投資回転率は2回転が経営指標上の目安となるから、必要な売上高は投資額の2倍ということになる。その売上高が今までの半分になるということは、投資は4分の1に抑えなければならないということなのだ」

現在の初期投資額は諸経費を含めて約6000万円。'01年の段階では約6300万円と報じられており、10年間で300万円しか下がっていない。

堀埜によれば、内装はオーバースペックだし、厨房やバックヤードも無駄なスペースだらけ。これを改めるには、設計だけでなく、商品をはじめとする各部門の協力が不可欠ということで、プロジェクト推進部が中心となり横串のプロジェクトチームを立ち上げたという。

「厨房をさらに合理化して、客席面積の比率を上げるだけでなく、資材の発注や契約方法を改善し、工期の短縮化を図ります。まあ、半減はできなくともバックヤードを30％は縮めてもらわないと」

投資額が大幅に下がれば、既存店をリニューアルする必要もなくなる。リニューアルは意外とコストがかかるし、工事期間中は休業しなければならない。堀埜はそれが一番痛いという。

「休業期間は収入が途絶えるからと、アルバイトに別会社の店に行かれたら大打撃。それよりも、既存店の近隣に新店を出店し、そのまま異動してもらえば休業期間も必要ありません」

店舗投資半減というのは外食企業の多くが考えていることだが、残る3つのプロジェクトは外食の世界にはこれまでなかった考え方であり、サイゼリヤが既存の外食業とは別な次元に向かっていることを示している。

まずひとつめがR&D(Reseach & Development ＝研究・開発)という概念の導入だ。これは外食で従来、言われてきた研究や開発とは一線を画すもので、生産体制を再構築し、加工技術を根本から変えていくためには不可欠な概念だ。大雑把に述べると、「うまいステーキはどういうものか」を考えるとき、R&Dでは、すべてを科学的に分析して捉え直す。牛肉という素材は、たんぱく質やアミノ酸といった物質レベルに、焼くという調理工程は何℃で何分という数値に置き換えられる。うまいという味覚も脳波の変化として捉えるから、「脳波の変化が最大値を示す物質レベルと数値化された調理工程の組み合わせ」ということになる。こうしたアプローチで真に売れる商品を作ることがR&Dの狙いだと堀埜は言う。

「R&Dは企業の継続的な成長を促す仕組みに不可欠な因子。製造業に創業から100年、200年経っても成長を続けている老舗企業があるのも、R&Dに多大な労力と予算を注ぎ込んできたからです。業績が厳しくなろうと、投資し続けなければ先は見えてこない。実際、R&Dの予算を抑えたところはいずれもダメになっていますから」

'11年8月期には千葉県に野田商品技術センター、福島県にアグリ農業技術センターを立ち上げており、ここでの研究成果をサイゼリヤがめざす農業の実現や、厨房の改革、新工場の建設などにつなげていく考えだ。

ふたつめは先に挙げた新工場の建設。現在のカミッサリーやプラントは、まだ人間の作業に頼っている部分が多いが、新工場では原料をインプットし、人手に触れることなく製品がアウトプットされる完全自動化をめざす。また、ピザを製造する粉系のプラントも新設を計画するなど、生産体制の再構築を図る。

残るひとつは、本部業務の抜本的改革。サイゼリヤでは'10年10月にオラクルのERPパッケージの採用を決定。1年間かけて導入を進め、'11年9月から新システムに移行する。

これまでは国産の業務パッケージや表計算ソフトなどを活用して財務会計や物流・生産管理などの本社業務を遂行していた。しかし、より迅速な経営判断が求められることから、数字の動きをすべて一元管理できる基幹業務支援システムの導入を決定した。

新システムは、原材料購買から自社生産、店舗販売までの製造販売に関わる業務の流れ全体を支援。グローバル対応だから今後の海外展開においても欠かせぬものとなる。

サイゼリヤはもともとメーカー志向が強いが、これらのプロジェクトはそれをいっそう推し進めるものだ。

外食とは製造直売業にほかならないのだが、これまでは製造の部分でメーカーに大きく遅れをとっていた。これは日本だけのことではなく、世界中見渡しても同様である。外食はある意味で、メーカーの技術力によって支えられてきたのである、マクドナルドは世界最高の販売システムを持っているし、食材の供給元であるメーカーに対する力も圧倒的だが、しかし、食材の製造そのものはメーカーに頼らざるを得ないのだ。

メーカー並みの製造技術と製造能力を具備するマス・マーチャンダイジングシステムを完成させた、真の意味での製造直売業。サイゼリヤは、そこに向けて成長を続けているのである。

第9章 海外戦略と試行錯誤のＦＦＳ

『失敗を重ねなきゃ、成功なんてあり得ないよ』

ＦＦＳはエンジニアリング。技術者が多いからやってみたい

サイゼリヤの次なる成長戦略、それがファストフードサービス（ＦＦＳ）の事業化と海外展開だ。

サイゼリヤは他の外食企業とは異なり、新業態にいっさい浮気することはなかったことでも知られている。レストラン業態ひとつでさえ完成できない自分たちに、そんな余裕はないとい

うのがその理由。どこかの会社に聞かせてやりたいくらいだが、実は過去に一度だけ『イタリアンバール』という業態を千葉県八千代台で実験している。

商品を前菜、ピザとドリア、グラタン、ワインに絞り込んだ業態で、客単価はサイゼリヤより200円低い600円。この業態が確立すれば、500店は出店できると'90年当時の正垣は語っている。

これが結局うまくいかなかったことで『サイゼリヤ』一本での展開になったわけだが、FFSについてはずいぶん昔から研究しており、月刊食堂『サイゼリヤ革命』内でも、タコベルやマクドナルドのシステムについて絶賛していた。

そもそも商品の価値を徹底追求するサイゼリヤのシステムがFFS寄りだったし、正垣も「出来たてのうまいものを安く提供できるのなら自販機だっていい」という発言をしていたことから、取材後に編集者は「やっぱりFFSやったほうがいいんじゃないの、あの人は」とつぶやいていた。

当然のことながら、正垣はすでに将来を見据えていたのであろう。人々に喜んでもらうにはどんどん店を増やしていかなければならない。だが、テーブルサービスレストランで同じ品質を保てるのは1000店が限界。いくら調理を安定させても、物を運んで片づけてという作業がある限り、バラつきをなくすことはできないからだ。ファミレスのようにセットメニュー化するか、弁当のような形にすればバラつきは少なくなるだろうが、コーディネーションを提案するサイゼリヤでそれはできない。

だが、FFSならそれは可能だ。運んだり片づけたりはお客がするのだから、商品の品質維持に専念することができる。マクドナルドやタコベル、サブウェイなどFFSチェーンが世界規模でそれを証明している。

自分たちの理念、チェーンストアの使命を考えれば、いずれはテーブルサービスからFFSに乗り換えなければならないのは必至。FFSに着目していて当然だったのだ。

本格的に取り組むようになったのは1000店が見え始めた'03年頃から。このあたりから正垣のインタビューにはFFSについて言及することが増えている。

「価格と便利さとうまさの3点を実現するうえで、テーブルサービスレストランというスタイルの限界が出てくるんじゃないか。それに代わる新しいフォーマット、ズバリFFSをつくる必要があるんじゃないかと感じる。やはりFFSのマーケットって巨大だし、今はマクドナルドとは違った形のFFSが求められていると思うし、それをやりたい」（月刊食堂'03年3月号）

「今はテーブルサービスレストランでどこまで小商圏化できるか実験しているけど、そこで成立するマーチャンダイジングの仕組みができれば、それをFFSの作業体系にもっていけばいい。ファストカジュアルはディナー主力だけど、僕らの考える社会貢献からすればランチ、朝食、スナックの領域を狙っていくことになる。だからやっぱりFFSでしょうね」（同'04年4月号）

「テーブルサービスレストランというのはフードサービスだけど、FFSはエンジニアリングだから。うちは技術者が多いので興味はあるし、やってみたいと思ってる」（フードビズ12号／'04年）

いずれもやる気満々のコメントである。

では、どのようなFFSを考えていたのか。正垣の考えるFFSの絶対条件は、圧倒的な品質レベルの高さ。レストランなら許される多少のバラつきも、FFSでは許されない。1万店規模の店数で、いつ行ってもその価格水準で最高のクオリティを提供できなければ、お客は来てくれない。そのクオリティを保つポイントとして正垣が挙げていたのが葉もの野菜だ。

「日本の野菜はごはんに合う野菜だから、パンに合う野菜作りからやっていかなきゃならない。うちは何年も前からやっているけど。ヘルスフードというところから見たら、マクドナルドとは違う商品開発はできると思うんだ」(同前)

同時期の月刊食堂'05年1月号では、より具体的に答えている。

「まだ詳しく言えないけど、主力商品についても、世界中で親しまれている原料、具体的には葉もの野菜、挽肉、小麦粉を使った商品にしたいね。加えて、家庭では作れないような商品で、かつヘルスフードがテーマ。提供速度を速くするための工夫も必要。商品の形状も三角や四角では包装に手間取るから円形にするとかね」

どう考えてもハンバーガー以外ありえないようなコメントだが、実際はどうなのか。それがわかったのは'05年夏のことだった。

立地は関係ない。価値がないから売れない

'05年8月24日、サイゼリヤは東京都北区のJR十条駅近くにFFSの実験第1号店『イート・ラン』を出店した。正垣のコメントが効いたのか、オープン当日には業界関係者が大挙して足を運び、一般客と合わせると約700人が来店したという。

意外だったのは、主力商品をハンバーガーに絞らなかったこと。サンドイッチ、タコス、ピザといったカテゴリーも用意し、計14品を100円、150円、200円という3つの価格ラインで提供するというフォーマットだった。その理由を正垣はこう説明した。

「世界的に見てFFSの市場規模が大きいのは、ハンバーガー、サンドイッチ、タコス、ピザの順。この4つのそれぞれの分野でカテゴリーキラーになろうというのが狙いなんだ」

部分食材のパティやチーズ、ソース、単品のスープは、オーストラリア工場で一括して製造。キーワードになっていた野菜も、トマトやレタスは白河の農場で種から開発した完全イート・

ラン仕様であり、コールド・チェーンシステムで店舗まで届く。まさに(当時の)サイゼリヤの集大成ともいえる内容であった。

その年の11月には、埼玉県ふじみ野市にスパゲティとタコスのファストカジュアル業態の実験店『スパQ&タコQ』もオープンしており、FFS元年だったと言っていい。だが、いずれも苦戦を強いられた。辛うじて残っているのは、スパQ&タコQの発展形である『サイゼリヤ・エクスプレス』のみ。それも一時期は4店舗まで増えたが、現在は多摩店1店舗のみになっている。

過去を振り返ると、すかいらーくの『ビリージーン』や『ドナシェリー』、サトの『ホワイトキャッスル』など、テーブルサービスレストランチェーンが取り組んだFFS業態はほとんど失敗している。正垣の言うフードサービスとエンジニアリングの違いを克服できなかったのである。

だが、正垣はそれを熟知していたし、ゆえに技術者を社内に増やしてきた。それなのになぜうまくいかないのか。

正垣の答えは明快だ。「価値がないから」のひと言である。

本当に価値がなかったのだろうか。イート・ランのフレッシュな野菜がたっぷり入ったハンバーガーは、今も一部外食マスコミからはきわめて高い評価を受けており、もったいないという声がしきりだ。そこで必ず話題となるのが立地の悪さ。ただでさえ人通りの少ない路地に位置していたし、同じ埼京線の赤羽ならいざ知らず、十条にわざわざ出かけていく人は少ない。

日本マクドナルドが、米国本社の意向に反して日本の超一等地に1号店を出店したことで大ヒットした反面、KFCが本部の意向そのままに郊外ロードサイドに1号店を出店して苦労したことが前例になっていることから、まず認知度が高まる立地に出店すべきだったというのである。

だが、正垣は真っ向から反論した。

「店が目立つ立地なんてどれだけあると思ってんの。1万店を作るにはこういう立地で成立しなけりゃならないんだから」

実際、2号店の川口店は人通りの多い街中だし、その後に出店した青砥店は改札口から徒歩

0分。1号店よりだいぶマシだった。だが、そういう立地でも軌道に乗せることができなかったのだから、人を惹きつけるだけの価値を創り上げることができなかったというしかない。

誤算だったのは、正垣が本命としていたタコスが売れなかったことだ。野菜をたっぷり使うタコスこそが、ヘルスフードとしてのFFSの中心になると考えていたのだ。ところが、タコスはいくら安くしても売れなかった。

「1日400個ぐらい売れるようになったけれど、それでは生産性が上がらないんだ。ハンバーガーも野菜たっぷりのヘルスフードにしたいけど、こちらも生産性が上がらない。どういう形にしていくか今、考えているところ」(フードビズ34号／'08年)だが、イート・ランならびにスパQ&タコQ撤退の要因は、まだ答えは見つかっていないということだろう。

FFSの原理原則から外れているのは法則が見えていないから

スパQ&タコQの後継業態であるサイゼリヤ・エクスプレスも記者仲間では評判が高かっ

た。これはスパゲティ3品、スープ3品、サラダ1品、あとはドリンクバーというサイゼリヤの核商品から売れ筋をピックアップし、140円、180円という低価格で提供するという業態である。

売っているものはサイゼリヤと変わらない。だが、思い切った絞り込みと価格設定により、速さと簡便さ、食事としての軽さを追求したことで、朝食やスナック、テイクアウトなど、サイゼリヤとはまったく別の用途に対応する業態になっている。

厨房や会計の自動化で従業員は1人でも回るというドラスティックなオペレーションシステムも実にサイゼリヤらしかった。なるほど、大絶賛したタコベルのゼロキッチン(CKやメーカーでの加工度を極限まで高め、店舗では食材の再加熱と組み合わせだけを行なう厨房システム)をこう活かしたのか、と感心させられた。

用途が違うから、既存サイゼリヤと同じ場所にも出店できるし、フードコートや駅構内など立地も無限に広がる。「これこそサイゼリヤのFFSの大本命」と一時は騒がれた。

しかし、これもまた思惑通りには進まず、1店に絞り込んで徹底してフォーマットの検証を行なうことになっている。

なかなか浮上しないＦＦＳ事業を正垣はこう斬る。

「うまくいかないのは欲を出しているからだよ。欲をなくしてあるがままに観察しないと自然の法則は見えてこないと言ったでしょ。それと同じ。原理原則からいえば、価格と品質、そして便利さが揃っていなければＦＦＳは売れない。その法則が見えていないんだな。内装がどうだとか言ってるけど全然、関係ない。事業化して手柄にしたいとかの欲が我々から消えない限り、できないかもね」

とはいえ、欲がなくなるまで悠長に待ってはいられない。'15年の１０００店舗体制を射程に入れているのだから、早急に立ち上げなければならない。そこで社長の堀埜は正垣を新業態の専任アドバイザーに据えた。

「現在のサイゼリヤの最大のテーマは海外事業。僕もこれが中心になるから正直、新業態まで見ている余力はありません。会長にお願いしたのはそのためです。新業態のプロジェクトそのものは若いチームが担当しますので、会長には、彼らにいろいろアドバイスしてほしい」

プロジェクトチームに与えたテーマは繁盛店作り。もちろん、1万店規模で出店できるフォーマットが大前提だ。

「1万店出せなければ社会貢献にならない。1000店で満足するようなフォーマットだったら、レストランをやっているほうがいい」

正垣も堀埜も口を揃える。いや、現場の人間と話せばわかるが、サイゼリヤの社員はみんなそう考えている。もしかしたら3年後までに固めることはできないかもしれない。堀埜が進める投資半減のプロジェクトもそれを見据えてという意味もあるだろう。時間はかかるかもしれない。しかし、サイゼリヤのこれまでの歩みを見れば、必ずFFS事業を確立し、テーブルサービスレストランではカバーし切れなかったお客のニーズを満足させてくれるはずだ。

絶対失敗すると思ったけど、やっぱり失敗した

FFSと同じく、初期の段階から正垣のビジネスプログラムに折り込まれていたのが海外展開だ。

正垣は「おいしくて価値のあるものをより多くの人々に食べてもらう」という夢を、『サイゼリヤ』というテーブルサービスレストランだけで果たそうとは思っていなかったし、日本だけで考えていたわけでもなかった。会社の理念からすれば、段階を踏んで、そのような方向に行くのは当然であり、それがチェーンストアだからできる社会貢献になると信じていたからだ。

「工場だって店だって、すべて同じだよ。海外に工場を作って現地の人に働いてもらうようにすれば、雇用が生まれるし、税金も払える。店にしても、貧しい人でも利用できるくらいの価格にすれば、僕らの考えるうまいものをみんなに食べてもらえる。みんなで豊かになってもらいたいんだ」

そんな正垣の思いが、根を張りつつあるのが中国だ。'11年第2四半期末段階でのサイゼリヤの海外総店舗数は83。そのうち中国本土は上海エリア39店舗、広州エリア18店舗、北京エリア13店舗の計70店舗。期末段階には100店舗に達する見込みだ。

そのほかは、香港6店舗、台湾5店舗、シンガポール2店舗となっている。

サイゼリヤが中国・上海市に上海薩莉亜餐飲有限公司を設立し、上海1号店をオープンしたのは'03年12月。食に関して豊かとされる中国だが、しかしそれは一部の富裕層を対象としたもので、決して一般的ではない。サイゼリヤがめざす庶民の豊かな食卓、食べることを楽しんでもらうために、誰でも気軽に入れるレストランをつくるのが目的だった。日本のマーケットに行き詰まりを感じて中国に行こうという外食企業とは、そもそも考え方が違うのである。

出店する場所も他の進出組が出ているような目抜き通りではない。普通の人が集まる路地裏のような場所だった。金持ちの集まる目抜き通りで、富裕層だけを相手に商売をするなら、多くの人々に喜んでもらうことなどできないからだ。

しかし、サイゼリヤの商品なら、路地裏にあろうと普通の人たちが来てくれるだろう。実際、日本はそうだったし、価格も日本より下げているのだから。

現地に飛んで立ち上げに参加した社員はみなそう思った。だが、まったくお客は来なかったという。後に正垣はニヤリと笑いながら打ち明けた。

「僕は絶対失敗すると思ってたんだけど、やっぱり失敗したな、と。食べものの価格が全然違うんだから、こっちで考えた安さではまず通用しないよ。それは最初からわかっていたことだけど、失敗しないと骨身に染みないからね。だから、失敗するまで待ってたんだ。あっちに行ってるやつらは、中国人は牛肉や乳製品を食べないからとか、サラダは食べないとかいろいろ言ってきたけど、要は値打ちがないから来てもらえなかっただけ。それで僕がメニューを作ったら、今度は1日中満席になったんだよ」

何をしたのかというと、価格の書き換えである。正垣に言わせると「原価割れする価格帯」まで引き下げたら、爆発したのである。このあたりは、7割引きでお客が殺到するようになった1号店のエピソードと重なる。

「損してるじゃないかと言われるけど、僕らのビジネスの目的は、お客さんに喜んでもらうことだからね。喜んでもらえたなら、まずはよしとしなきゃ。それに、食文化があって、安くておいしいものを食べている中国人にも、僕らの提案するイタリア料理が受け入れられたし、中国の大衆に支持してもらえる価格帯もわかった。これだけでも大収穫だよ。あとは、この価格、この商品で利益が出るように、カミッサリーを作るなどの技術を駆使して原価を下げたり、生産性を高めていけばいい。日本でやってきたことと同じだよ」

日本よりも喜んでもらえるんだから……

　荒技を繰り出すことができたのは、中国には独資、つまりサイゼリヤの資本１００％で進出したからだ。普通なら現地のパートナーと合弁で会社を設立するか、フランチャイズ権を与えるという形で進出する。海外でスムーズな展開を図るには、国情を知り、現地の法律にも通じ、各方面にコネクションを持つ有力企業と手を組むのが一番早いからだ。

原価割れをする価格くらいまで下げたら一気に大ブレイク。今後は中国だけでなくアジア広域に出店、店舗網を拡大していく考えだ

しかし、独資の場合は知らない土地で、すべてを一から作り上げていかなければならない。物件情報は入らないし、入ったとしても、現地の常識からかけ離れた家賃をふっかけられることもある。

出店の許認可も従業員の募集・採用も手探りだから、トラブルになることもある。たとえ進出を果たしたとしても、スムーズに展開できるまでには、いくつものハードルを越えていかなければならない。時間もエネルギーもかかるのだ。

それでも独資にこだわったのは、理念を貫くためである。もし、FCや合弁で進出していたら、原価割れするまで価格を下げるなど剛腕は振るえない。パートナーが反対するに決まっているからだ。逆に大繁盛したら、パートナーは「これだけお客がいるのだから、値段を上げて儲けを増やそう」と言ってくるかもしれない。

安くすることで店数を増やし、現地の人たちに喜んでもらうという本来の目的に向かってまっすぐ進むためには、独資で進出するしかありえないのだ。苦労があるといっても、大目的のために努力し続けることは、これまで何度も繰り返してきており、慣れっこになっている。そして、正しい目標なら、努力し続ければ必ず道が開けることもわかっている。独資で進出するのは、サイゼリヤにとっては当然のことだったのだ。

「売れば売るほど赤字」と言われるほど利益が出なかったが、上海での出店は継続的に行なわれた。その原動力となったのは、店を出すたびに伝わってくるお客の笑顔だ。

「日本よりもずっと喜んでくれるし、楽しそうに食べてくれるんだよ。どうしたって店を増やしたくなるじゃない」と、正垣もまた破顔する。

店を増やしたもうひとつの理由は、中国人を採用し続けるためだ。上海サイゼリヤでは設立以降、学卒や院卒を継続的に採用している。優秀な人材にサイゼリヤの理念、考え方を理解してもらい、日本と同じようにチェーンストアの技術を持って、中国の人たちに豊かさを提供してもらうためだ。そのなかから社長を育て、完全に中国の会社になってもらうというのが正垣の描くシナリオだ。

現地子会社として日本のサイゼリヤがコントロールしようなどという考えは毛頭ない。中国で得た利益はすべて中国に注ぎ込む。もし工場を設けることができれば、日本のサイゼリヤにどんどん売れればいい。以前より安く入手できるようになれば、日本のサイゼリヤにとってもメリットは大きなものとなる。

「まわりもみんな良くなっていくことが本当のビジネス」というサイゼリヤの考え方は、ここでも貫かれているのである。

うまくいかないことは山ほどあった。物件の契約も3年、あるいは5年という短い契約期間を余儀なくされ、更新時には賃料がどんどん跳ね上がったり、昨日までは無税で輸入できたものにいきなり関税がかかり、輸入できなくなったこともあった。また、省や直轄市などの行政区分を超えての展開はできないため、上海以外に出店するには、新たな現地法人を設立しなければならない。何かあると日本からチームを送り込んで解決策を模索した。

農業と同じように利益を吐き出しながら耕し続けた土壌から、芽が出始めたのは5年近く経ってからのことだ。北京や台湾に1号店を出店した'08年くらいから、上海では個店ベースで利益も出るようになった。

現地の食材を使うことで原価率が下がったこともあるが、人件費の圧縮が大きかった。展開の当初は日本からスタッフを派遣していたために、どうしても人件費が膨らんでいたのだが、現地採用の人間が育ったことで派遣スタッフの人数が減ったのだ。また、現地のメーカーにカミッサリー機能を持たせることで生産性も高まってきたからだ。正垣は中国に進出を決めたとき、まわりからカントリーリスクについてさんざん聞かされた。

「だけど、そんなことは僕らに関係ない。中国の人たちに喜んでもらいたいから店を出すだけなんだからね。だいたい、カントリーリスクなんて世界中どこに行ったってあるよ。工場を作る時だって、オーストラリアは政情も安定してるし安心だと言われてたけど、蓋を開けてみたらストライキが起こって建設が遅れた。どこの国だっていいことも悪いことも同じように起こる。日本も同じだよ」

上海で培ったノウハウと育った人材は広州、台湾、北京、香港、さらにシンガポールへと広がっている。今考えれば、あえて独資という厳しい環境に身を置いたからこそ、鍛えられたのかもしれない。

中国の次はアジア。事業の進め方はどこでも同じ

サイゼリヤの海外事業は、'11年8月期からビジネスモデルを確定させるプロジェクトに取り組んでいる。日本のサイゼリヤはカミッサリータイプ、つまりディストリビューションセンター(配送センター)とプロセスセンター(加工センター)を設けて自分たちで作り、仕分けするというビジネスモデルだが、これが中国で通用するかどうかを検証するのである。

だが、いきなり日本と同じようなカミッサリーを設けるわけにはいかない、と堀埜は言う。

「工場を設けるときにかかってくる法律や税制の問題、許認可がどうなっているかもまだわからないからです。まずはセントラルキッチンでいい、でっかい台所を作ってみろと言っています。それも2000万円くらいで作ってみろ、と」

同時に店舗の小型化も進めている。初期に出店した店舗はいずれも大型店で、立地を含め大商圏型であった。これではいくら行列ができても、一体どれだけの店数が増やせるのか。大商

正垣泰彦会長(左)と堀埜一成社長の強力タッグで、国内外へ新しいレストランチェーンを拡大していく

圏型のままでは、出店できる立地も限られてくるのだ。

今後、展開を進めていくには、小商圏で成り立つモデルが欠かせない。正垣は中国のスケールから3000店を当面の目標に掲げているが、そのためには地方都市や住宅エリアにも分け入っていかなければならない。そのような立地創造ができるように考えた新しい店舗モデルを、規模やキッチンレイアウトまで見直しながら開発を進めている。

「大量出店に入るのはそれらが固まる3年後。それまでに店長を務めることができる人材を揃えておくことも課題です」(堀埜)

これまで日本の企業、とくにメーカーが中国に進出する理由は、人件費の低さだった。日本で作るよりも安くあがる分、利益も大きくなるというわけだ。だが、日本がそうだったように、経済成長していけば人件費は高騰する。メーカーの製造拠点がどんどん奥地に移っているのも、沿岸部の人件費水準ではこれまでのような利益が得られなくなっているからだ。地球規模でこれを繰り返していたら、いずれ製造拠点にふさわしい場所などなくなってしまうだろう。

しかし、人件費が上がったときに威力を発揮するのがチェーンストアだ。バーチカルマーチャンダイジングと生産性追求の技術を駆使すれば、高い人件費を払いながらも店数を増やしていくことが可能だ。メーカーよりも長期的に中国に貢献できるわけである。

中国に続く市場としてサイゼリヤが注目しているのは、インドをはじめとするアジア諸国。正垣はアメリカやヨーロッパのように、すでに豊かなところには興味ないという。

「やっぱりアジア。とくにインドなんか面白そうだね。タイもいいんだけど、あの国は独資を認めていないから、法律が変わるまで出ることはないと思う。やり方？　中国と同じだよ。というか日本と同じ。そのやり方しかできないから」

カントリーリスクに対する考え方も同様だが、正垣の前に国レベルの差などはない。住む人の生活習慣の違いすら、地球規模や人類全体からみれば瑣末なものでしかないのだ。

「食べることはすごく大事なことで、それは世界共通。その食の世界でサイゼリヤにしかできないことをやるのが僕らの社会貢献だと思う。それが世界に通じるのなら、こんなに素晴らしいことはないじゃない」

正垣はマハトマ・ガンジーの孫で世界平和活動を行なっているエラ・ガンジー女史とも約束している。世界にはまだ貧しい人たちがたくさんいるが、サイゼリヤの方法論をもって豊かにしていくという約束だ。

「またしても大風呂敷を――」と思うかもしれない。だが、正垣が打ち立てた理念をしっかりと継承していけば、どんな障壁があろうと必ず実現する。サイゼリヤはそう信じているし、筆者もまたそう信じているのだ。

冒頭に引き続き、東日本大震災後の話である。

本書でも触れているように、サイゼリヤと白河高原農場は震災直後から仙台市でのトマト栽培に向けて走り出している。急いでいるのは、少しでも早く復興を実現するためだ。

それは被災地の復興だけではなく、サイゼリヤそのものが震災のダメージから脱却するという思いも込められてる。

稼働したとはいえ、福島工場を完全に修復するにはまだかなりの投資が必要だし、白河高原農場にいたっては、原発事故により出荷停止を余儀なくされた。その後、解除されたものの原発がまだ予断を許さない状況だけに、サイゼリヤでは同農場からの購買を控え、他産地の野菜でカバーする方針を打ち出している。サイゼリヤのために生産している白河高原農場にとっても、また店舗の半分を占めている首都圏にとっての主要産地を失うサイゼリヤにとっても、これは大きな打撃だ。

仙台で計画しているトマト水耕栽培は、仙台農業の復興、被災地復興のシンボルであると同時に、自分たち自身の復興も意味するものなのだ。だからなおさらボランティアではなく、ビジネスとして取り組まなければならない。自分たちのビジネスを立ち上げ、軌道に乗せることが結局は、地域にとって一番の貢献になる。それを考えれば、急ぐのは当然なのである。

チェーンストアは大恐慌や大災害に遭う度に強くなっていく。正垣泰彦会長はそれを「歴史が証明してきた経験法則」だという。

「チェーンというのは広い範囲で店や設備を作っていくから、災害があればどこかで必ず被害を受ける。逆に、被害のないところも必ずあるので、カバーすることもできるし、被災地に貢献することもできるわけです。大切なのは、何が問題で被害を受けたのか精査し、ノウハウにすること。これがチェーンを強くするんです」

堀埜一成社長も今回の震災を受けて、「多くの方が犠牲になって残してくれたデータを、生き残った人間が活かさなかったら罰が当たる」という。

「例えば、計画停電地域でも、電気が来るエリアがあることもわかったわけでしょ。今後、工場を計画する場合は、活断層と液状化に気をつけるだけでなく、こうしたことも考えに入れなければならない。すべてをノウハウとして、次の時代に残していくことを考えていかないと」

海外も見据えた生産地の拡大、低投資化や省エネルギー化を含めた店舗開発など、今般の大震災は、サイゼリヤが将来にわたって計画していた施策を一気に顕在化させる。これまで以上に改善・改革の速度を速めることが要求されているわけだが、サイゼリヤならば例によって淡々と、しかし確実に組織としての力を高め、これに応えていくのは間違いないだろう。もちろん、海外にもさまざまなリスクがあるわけだから、今回得たノウハウはそこでも生きることになる。

東日本大震災を経験したことでサイゼリヤは今、さらにチェーンとしての強さを獲得しようとしているのである。

最後に、本書をまとめるにあたって取材にご協力いただいた正垣泰彦会長をはじめとするサイゼリヤの皆様、白河高原農場の皆様、故・渥美俊一先生に深く感謝いたします。また、原稿が遅れてご迷惑をかけたにもかかわらず、機会を与え続けてくれた柴田書店の土肥大介社長、書籍部担当者には心からの謝意を表します。誠にありがとうございます。

平成23年8月　　　山口芳生

参考資料

月刊食堂（柴田書店）
月刊飲食店経営（商業界）
フードビズ（エフビー）
日経ヴェリタス（日本経済新聞社）
週刊ダイヤモンド（ダイヤモンド社）
16歳の教科書2（講談社）
日経レストランONLINE（日経BP社）
宅ふぁいる便（エルネット）
リクナビ（リクルート）

資料提供

日本リテイリングセンター

サイゼリヤ革命
世界中どこにもない“本物”のレストランチェーン誕生秘話

初版発行　2011年8月30日
6版発行　2025年4月20日
著 者©　山口　芳生（やまぐち よしお）
発行者　丸山　兼一
発行所　株式会社柴田書店
〒113-8477
東京都文京区湯島3-26-9　イヤサカビル
電 話　書籍編集部　03-5816-8260
営業部　03-5816-8282（注文・問合せ）
ホームページ　https://www.shibatashoten.co.jp

印刷所　TOPPANクロレ株式会社
製本所　TOPPANクロレ株式会社

乱丁・落丁本はお取り替えいたします。
ISBN　978-4-388-15326-8
Printed in Japan